GEHEIMNISVOLLES GIESSEN

- eine Entdeckungsreise mit Bobby und Molly -

Themenauswahl, Texte und Fotoauswahl: Nathalie Wöll
Buchidee, Konzept und Illustrationen: Artur Klose

Herausgeber:
Universitätsstadt Gießen
Der Magistrat
Büro für Magistrat, Information und Service
Postfach 11 08 20
35353 Gießen

Artur Klose
Geheimnisvoller Verlag
Auf der Hasenhecke 56
34125 Kassel

Telefon (0561) 81 49 94
Telefax (0561) 81 69 358
www.art-factory-art.de
arturklose@gmx.net

Copyright © 2003 Artur Klose
Geheimnisvoller Verlag
Alle Rechte vorbehalten

Erste Auflage 2003
ISBN 3-9808687-8-8

INHALT

4	Spuren der Vorzeit
5	Die Burg Gleiberg
6	Schwarze Mönche und Ordensritter
8	Die Wasserburg zu den Giezzen – Keimzelle Gießens
10	Das Alte ...
11	... und das Neue Schloss
12	Der Stadtkirchenturm – Ein Wahrzeichen Gießens
13	Das vergessene Siechenhaus
14	Die Festungsstadt
16	Vom Wall befreit ...
17	Das Zeughaus
18	Der große Brand
19	Wochenmarkt in Gießen
20	Die Universität
22	Die Teigscher Frau
23	Der älteste Botanische Garten
24	Der Alte Friedhof
26	Justus von Liebig
28	Gießener Köpfe
30	Gießen bekommt Anschluss an die Welt
31	Das Stadttheater – ein Zeichen bürgerlichen Gemeinsinns
32	Vom Entrippen, Wickeln und Rollen
33	Der Gießener Schlammbeißer
34	Der Erfinder der Röntgenstrahlen
35	Die erste erfolgreiche Blutwäsche am Menschen
36	Westlich der Lahn
37	Zwei standhafte Frauen
38	Schutt und Asche
39	Das Leben geht weiter
40	Das Oberhessische Museum
41	Der Kunstweg
42	Das Mathematikum
43	Nachtschwärmer im Philosophenwald
44	Der Seltersweg
45	Gießen und der Tourismus
46	Information und Kontakte
47	Stadtplan
48	Bildnachweis

SPUREN DER VORZEIT

Wer sie war, wo und wie sie lebte, wissen wir nicht. Ihr Grab wurde 1975 bei Bundeswehrübungen 1 km östlich von Gießen an der Hochwart entdeckt. Es handelt sich um eine bronzezeitliche Nachbestattung in einem bereits vorhandenen Grabhügel. Nur hoch gestellte Personen wurden auf diese Weise beigesetzt. Die Unbekannte, die um 1400 v. Chr. lebte, trug einen reichen Bernsteinschmuck, Bronzescheiben, die vermutlich als Halsschmuck dienten, sowie Kleidernadeln aus Bronze. Ein feiner, zu einem Ring geformter Golddraht hatte möglicherweise die Aufgabe, ihr Haar zusammenzuhalten.

Sumpfig, gar siedlungsfeindlich war in grauer Vorzeit das Gebiet der heutigen Kernstadt Gießen an Lahn und Wieseck. Aus diesem Grund bevorzugten die Menschen vor tausenden von Jahren die etwas höher gelegenen Regionen des Umlandes um zu siedeln, zu rasten oder ihre Toten zu begraben. Zahlreiche Funde von Steinwerkzeugen, wie beispielsweise der frühen Geröllgeräte-Industrie vom Münzenberger Typ, Gefäße, Schmuck, Gewandspangen und Arbeitsgerät wurden aus der Region um Gießen zusammengetragen. Sie belegen die Anwesenheit von Menschen seit der Altsteinzeit vor 300 000, wahrscheinlich sogar vor 450 000 Jahren. Im Wallenfels'schen Haus, der archäologischen Abteilung des Oberhessischen Museums am Kirchenplatz Nr. 6, sind die wichtigsten und schönsten Funde aus den unterschiedlichen Epochen der Vor- und Frühgeschichte Gießens ausgestellt.

Wie ein Napoleonshut sieht der Läufer dieses Mahlsteines aus, der aus dem Umland Gießens stammt. Der Läufer ist der obere durch Körperkraft bewegte Teil und er besteht aus Lungstein, einem Gemisch aus Asche und Blasenbasalt. Von 450 v. Chr. bis ins erste Jahrhundert n. Chr. hinein wurden Gerste, Emmer und Wildgräser mit diesem Mahlstein zerkleinert und zu einem schmackhaften Fladenbrot verarbeitet.

DIE BURG GLEIBERG

Von dem 30 Meter hohen, runden Bergfried der Burg hat man bei guter Sicht einen weiten Blick über Gießen und das Lahntal. Er wurde in der zweiten Hälfte des 12. Jahrhunderts errichtet und war im Fall eines feindlichen Angriffes die letzte Rückzugsmöglichkeit auf der Burg. Reste eines quadratischen Bergfriedes aus der Gründungszeit der Burg sind ebenfalls erhalten.

Auf einem 308 Meter hohen Basaltkegel erhebt sich 6 km nordwestlich von Gießen die Burg Gleiberg, die bereits zu Beginn der Burgenzeit im 10. Jahrhundert von den Konradinern erbaut wurde. Um 1000 kam die Burg in den Besitz der Grafen Gleiberg, die dem Haus Luxemburg angehörten. Da die Burgherren den Handelsweg zwischen Mainz und Frankfurt über Butzbach, Staufenberg, Frankenberg und Korbach nach Paderborn überwachten, hatten sie eine wichtige politische Stellung inne. Die Teilung der Grafschaft in einen Ost- und Westteil führte unter anderem zur Gründung Gießens.

Die Burg wurde im Laufe der Zeit mehrfach baulich verändert und erweitert, um den sich wandelnden Verteidigungs- und Wohnansprüchen zu genügen. Sie setzt sich aus einer Ober- und einer Unterburg zusammen. Die Oberburg mit den älteren Bauten der Burganlage wurde während des 30-jährigen Krieges (1618 bis 1648) zerstört. In der Unterburg befinden sich heute Wohn- und Gastronomieräume. Seit 1879 ist die Burgruine Eigentum des Gleiberg-Vereins.

Mit dem Pinsel festgehalten wurde die Burg Gleiberg von Hugo von Ritgen, der die Wartburg bei Eisenach in Thüringen restauriert hat und somit als ein Kenner alter Gemäuer bezeichnet werden kann. Von 1837 bis 1889 war er Professor für Architektur und Kunstgeschichte an der Ludwigsuniversität, wie die Gießener Universität früher hieß.

SCHWARZE MÖNCHE UND ORDENSRITTER

Eine wechselhafte Geschichte weist der 5 km südöstlich von Gießen gelegene Schiffenberg auf. Er wurde bereits in der Vorzeit besiedelt und im 7. Jahrhundert mit der Skephenburc, der „Burg der Schöffen", befestigt. Infolge einer Schenkung durch Gräfin Clementia von Gleiberg an den Erzbischof von Trier wurde 1129 auf dem Schiffenberg ein Augustiner-Chorherren-Stift gegründet. Herzstück der ehemaligen Klosteranlage bildet die romanische Basilika, die zwischen 1130 und 1150 errichtet wurde. Nicht mehr vorhanden sind der Kreuzgang sowie das südliche Seitenschiff der Basilika. Die Lage des fehlenden Kreuzganges kann man anhand der Pflasterung des Innenhofes nachvollziehen. Dort befanden sich mit dem Schlafsaal (Dormitorium), dem Speiseraum (Refektorium), dem Sitzungssaal der Chorherren (Kapitelsaal) und dem Karzer (Gefängnis) wichtige Räumlichkeiten für das Klosterleben.

Fast in Vergessenheit geraten ist eine Klostergründung am Fuße des Schiffenberges. An der heutigen Straße von Gießen nach Pohlheim-Hausen befand sich das Nonnenkloster Cella. Es wurde 1239 errichtet und nahm Töchter aus dem Adel und der wohlhabenden städtischen Oberschicht auf, die eine entsprechende Mitgift in Land-, Sach- oder Geldwerten mitbringen konnten. Anfangs wurde Cella von den Chorherren auf dem Berg mitverwaltet. Nach einigen Differenzen jedoch erwirkten die Nonnen ihre Unabhängigkeit und führten lange Zeit erfolgreich ihr Kloster und bewirtschafteten ihre Besitztümer. 1450 wurde Cella aufgelöst.

Einem einfachen, von religiösen Grundsätzen bestimmten Leben haben sich die Augustiner-Chorherren verpflichtet. Aufgrund ihres Gewandes aus grobem dunklen Wollstoff wurden sie auch als schwarze Mönche bezeichnet.

Aus politischen Gründen wurde das Augustiner-Chorherren-Stift 1332 an den Deutschen Orden übergeben, der 1190 während des dritten Kreuzzuges von Lübecker und Bremer Kaufleuten zunächst als Krankenpflegeorden gegründet wurde. Die Ordensritter, die einen weißen Mantel mit schwarzem Kreuz trugen, errichteten auf dem Schiffenberg eine Komturei und eine Propstei. In der Komturei lädt heute ein Gastronomiebetrieb zum Verweilen ein.

Mit der Auflösung aller Orden durch Napoleon wurde der Schiffenberg ein forst- und landwirtschaftlicher Betrieb in der Verwaltung des Großherzogtums Hessen und später hessische Domäne. 1972 wurde er von der Stadt Gießen erworben.

Die Propstei aus dem Jahr 1496 auf einer Ansichtskarte von 1905

Im Sommer finden im Innenhof der Klosteranlage zahlreiche kulturelle Aktivitäten statt. Wenn im Winter Schnee liegt, herrscht auf der Rodelwiese des Schiffenberges reges Treiben. Mit dem öffentlichen Bus (Linie 6), zu Fuß auf schattigen Waldwanderwegen oder per PKW ist der Schiffenberg von Gießen aus gut zu erreichen.

DIE WASSERBURG ZU DEN GIEZZEN – KEIMZELLE GIESSENS

Auf einer leichten Bodenwelle zwischen den Wasserläufen der Wieseck und an der Mündung zur Lahn ließ Graf Wilhelm von Gleiberg im Jahr 1150 eine Wasserburg errichten, mit der eine wichtige Handelsstraße zwischen Frankfurt und Frankenberg sowie das linke Lahnufer gesichert werden sollten. Diese Wasserburg war der Ausgangspunkt des heutigen Gießens.

Gießen wurde 1203 zum ersten Mal infolge eines Gütertausches zwischen dem Kloster Arnsburg und dem Stift Schiffenberg urkundlich erwähnt. Als oberste Zeugin des Tauschaktes wird Salome, Gräfin von Gleiberg und Comitissa de Giezzen, angeführt.

Zu den Giezzen bedeutet übersetzt bei den Wasserläufen oder Bächen. Auf diesem sumpfigen und von Überschwemmungen gefährdeten Untergrund war es nicht einfach, eine Burg und im Laufe der Zeit eine Siedlung zu errichten. So wurde der mittelalterliche Kern Gießens auf stabilen Eichenbohlen erbaut. Manchmal finden sich in den Baugruben noch heute die spitzen Eichenpfähle.

Damit beide Parteien über ein Dokument bezüglich des Gütertausches zwischen Arnsburg und Schiffenberg verfügten und Fälschungen leichter aufgedeckt werden konnten, wurde der Urkundentext zweimal auf ein Pergament geschrieben, welches anschließend in der Mitte durchgeschnitten wurde.

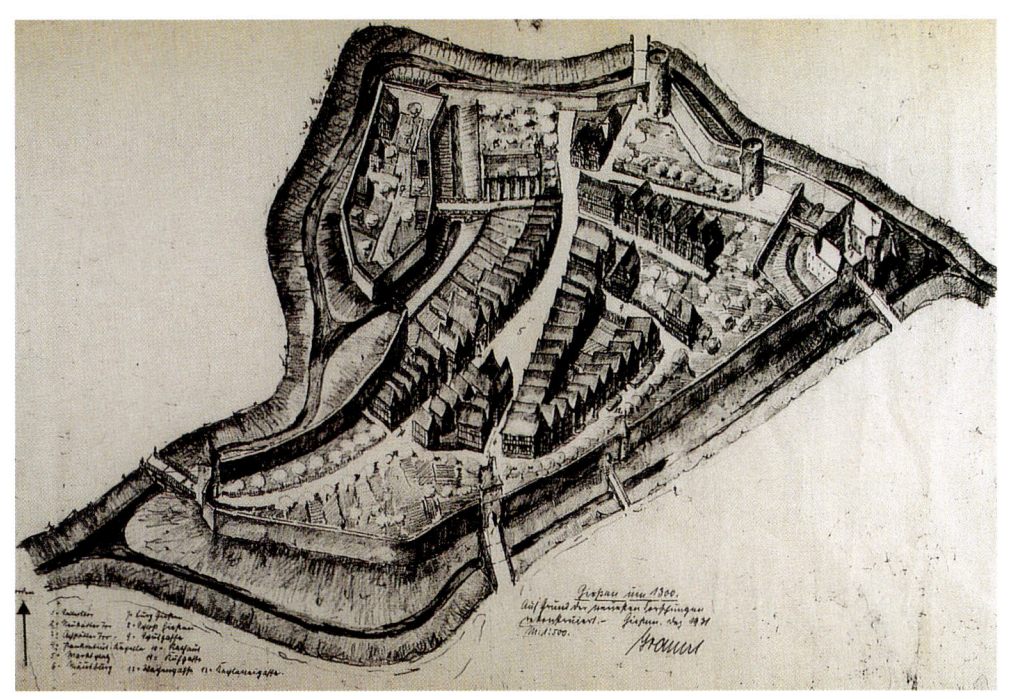

Diese Rekonstruktion Gießens von Stadtbaurat Wilhelm Gravert aus dem Jahr 1931 vermittelt einen anschaulichen Eindruck, wie die Stadt um 1300 ausgesehen haben mag. Im Nordwesten ist der Bereich der Wasserburg zu erkennen, die mit einer Burgmauer und einem Wassergraben umgeben war. Dicht bei der Wasserburg hatte sich bereits eine ansehnliche Siedlung entwickelt, die ebenfalls mit einer Stadtmauer geschützt wurde. Im Nordosten des nur 3 Hektar großen Areals wurde von den hessischen Landgrafen um 1300 eine weitere Burg – das spätere Alte Schloss – errichtet.

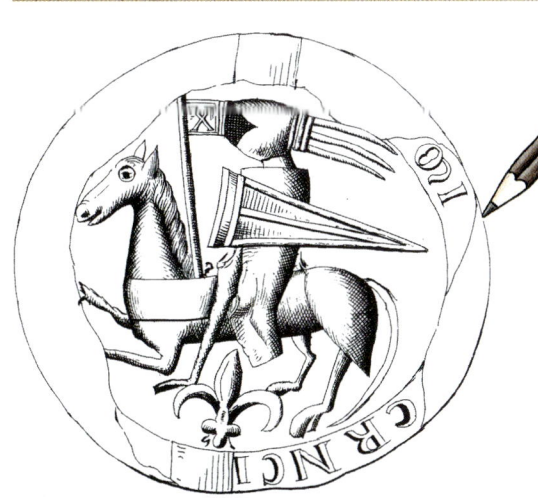

In einer Urkunde aus dem Jahr 1248 wird Gießen zum ersten Mal als Stadt erwähnt. Sie wurde bereits 1325 durch die Neustadt erweitert, deren Bewohner nun zu Bürgern wurden. Auch aus den umliegenden Dörfern zogen die Menschen in die neue sichere Stadt. So wurden Achstadt, davon leitet sich der heutige Asterweg ab, Croppach bei Heuchelheim und Ursenheim, das heutige Ursulum, zu verfallenden, leer stehenden Dörfern; man bezeichnet diese auch als Wüstungen. Selters, das sich auf der Anhöhe des heutigen Bahnhofes befand, wurde erst zu Beginn des 16. Jahrhunderts aufgegeben.

Den Stadtherrn zu Pferd zeigt das älteste Stadtsiegel Gießens, das von 1248-1265 von Burgmannen und Bürgern gemeinsam verwendet wurde. Stadt und Burg wurden von Burgmannen gesichert, die dem niederen Adel der näheren Umgebung entstammten. In Friedenszeiten standen etwa 10 Burgmannen im Dienst der Burg und Stadt.

Das Leib'sche Haus (auf der Abbildung links), ein Burgmannenhaus und einst Sitz des Junkers von Rodenhausen, steht am Ort der ursprünglichen Wasserburg. Die Form der Kellergewölbe des Leib'schen und des benachbarten Wallenfels'schen Hauses bieten Hinweise auf die alte Befestigung.

DAS ALTE …

So sah das Alte Schloss aus, bevor es im Zweiten Weltkrieg zerstört wurde.

Lautenspieler am Erker des Alten Schlosses

Nur wenige Meter Luftlinie von den Burgmannen-Häusern entfernt befindet sich am Brandplatz das Alte Schloss. Wann genau es erbaut wurde, ist nicht bekannt; es ist jedoch davon auszugehen, dass es um 1300 als neue Burganlage die Stadt im Nordosten sichern sollte. Die Nord- und die Ostseite der Burg, die ab 1561 erst als Schloss bezeichnet wurde, war von der Stadtmauer begrenzt und zusätzlich von den sich gabelnden Armen der Wieseck geschützt. Die Süd- und die Westseite umgab ein Wassergraben.

Viele Landgrafen, wie beispielsweise Philipp der Großmütige, hielten sich mehr oder weniger lang im Alten Schloss auf.

Die Strasse „Kanzleiberg" an der Südseite des Alten Schlosses weist darauf hin, dass dort vom 17. bis Ende des 19. Jahrhunderts unter anderem in der fürstlichen Kanzlei wichtige Amtsgeschäfte getätigt wurden. Bei Luftangriffen im Zweiten Weltkrieg wurde das Alte Schloss völlig zerstört und erst 1978 aufgebaut. Heute ist es der Hauptsitz des Oberhessischen Museums.

Was wäre eine Burg ohne Verlies? Auch der älteste Turm Gießens am Alten Schloss, der im Laufe der Zeit kaum verändert wurde, kann ein 8 Meter tiefes Verlies mit einem Durchmesser von 2 Metern und einer Einstiegsöffnung am Scheitelpunkt des Kuppelgewölbes aufweisen. Der Legende nach erhielt der Turm den Beinamen Heidenturm, weil dort noch im 18. Jahrhundert Mitglieder einer Zigeunerbande festgesetzt wurden, die einen Landreiter im Umland von Gießen erschlagen hatten. Der Turm kann zu den Öffnungszeiten des Oberhessischen Museums bestiegen werden.

... UND DAS NEUE SCHLOSS

Im Neuen Schloss befindet sich das Institut für Geographie der Justus-Liebig-Universität. Bereits ab 1609 nutzte die Gießener Universität das Gebäude, anfangs als Vorlesungshaus, dann als Archiv, Universitätskanzlei und -gericht.

Nachdem er um die Stadt einen Festungsring erbaut hatte, errichtete Philipp der Großmütige von 1533 bis 1539 mit dem Neuen Schloss eine weitere Landgrafenresidenz. Hierbei bewies er ein gutes Augenmaß und Gefühl für die örtlichen Bedingungen. Das neu entstandene Fachwerkschloss passte sich optimal in die ländlich geprägte Stadt ein. Einen besonders schönen Kontrast bildet das Fachwerk der Obergeschosse gegenüber dem Steinmauerwerk des Erdgeschosses. Im Erdgeschoss selbst befand sich ursprünglich ein großer Saal mit einer Länge von 32 Metern und einer Breite von 9,44 Metern. Dort ließ es sich gut mit großen Gesellschaften tafeln, die gerne auf ihrer Durchreise in Gießen Halt machten. 1546 beispielsweise traf die Herzogin von Pfalz-Zweibrücken mit großem Gefolge ein. Zur Verköstigung der erlauchten Reisegesellschaft mussten mehrere Kälber ihr Leben lassen und es wurden 293 Pfund Rind-, 64 Pfund Schweinefleisch, 28 Pfund Stockfisch, 60 Heringe, 4 Kapaune und 3 Pfund Salm verspeist.

Eingangspforte zum Treppenhaus des Neuen Schlosses

DER STADTKIRCHENTURM – EIN WAHRZEICHEN GIESSENS

Die Spitze des Stadtkirchenturmes wird von einer Wetterfahne und dem vergoldeten hessischen Löwen bekrönt, der in seinen Pranken ein G hält. Diese Turmspitze fußt auf einer Kupferkugel, in der sich Abschriften von Urkunden, Baupläne, Geldscheine und Münzen befinden.

400 Jahre lang – bis 1910 – lebten in der Turmwohnung des Stadtkirchenturmes die Türmer. Sie hatten zu Tag- und auch zu Nachtzeiten vom Turm nach wichtigen Ereignissen, Reisenden oder drohendem Unheil Ausschau zu halten. Insbesondere Brände sollten sie möglichst frühzeitig erkennen, damit sich in der aus zahlreichen Fachwerkbauten bestehenden Stadt keine Feuersbrunst entwickeln konnte. Mit Glockengeläut, einer Feuerfahne am Tag und einer Laterne bei Nacht wurde auf ein solches Unglück hingewiesen. Zu den weiteren Aufgaben eines Türmers gehörte es, die Schlaguhr am Turm nach der Sonnenuhr zu stellen. Zu festgelegten Zeiten spielte er auf einer Trompete geistliche Psalmen und war somit auch Stadtmusikant.

Wollte man den Türmer besuchen, ließ er den Schlüssel der Eingangspforte des Turmes an einem Seil herunter. Hinauf ging es für die Dinge, die er zum Leben brauchte, per Seilwinde, die auch heute noch außen an der Türmerwohnung angebracht ist. Die Wohnung selbst bestand aus einem größeren Zimmer, einer Küche und einem mit einem Geländer eingefassten Umgang. Mittlerweile gibt es für die Öffentlichkeit die Möglichkeit, den Turm zu besteigen und die schöne Aussicht vom Umgang der Türmerwohnung aus zu genießen.

Zwei Sandsteine, die in der Gedächtniskapelle des Stadtkirchenturmes befestigt sind, sowie die in der Grünanlage beim Turm eingelassenen Steinplatten, die einen Grundriss vergegenwärtigen, erinnern an die während des Zweiten Weltkrieges zerstörte Stadtkirche. Diese Kirche wurde vom großherzoglichen Hofbaumeister Georg Moller (1784-1852) errichtet. Schilderungen zufolge konnte sich die Gießener Bevölkerung mit der am 29.7.1821 eingeweihten Kirche im klassizistischen Stil nicht so recht anfreunden.

DAS VERGESSENE SIECHENHAUS

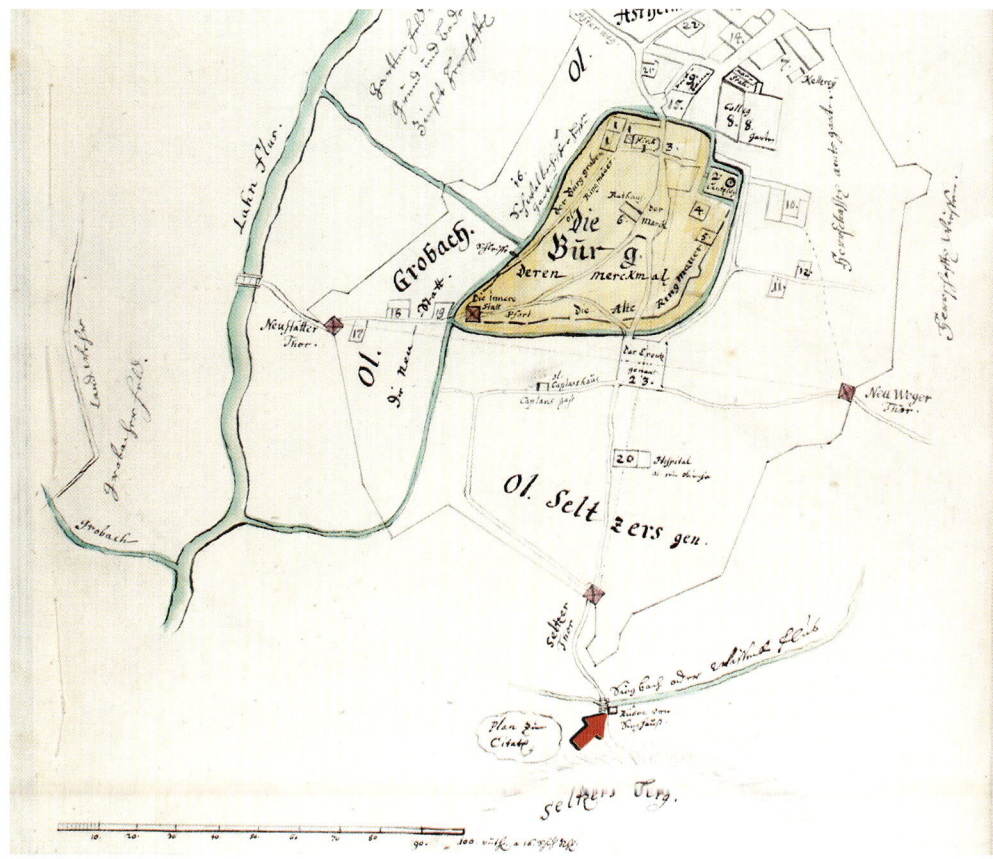

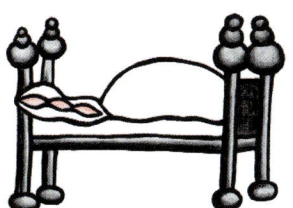

1489 stiftete der Bürger Hintze Sauermann eine Kapelle für das Gießener Siechenhaus, dessen Standort sich auf der Höhe der Wieseckbrücke in der Frankfurter Straße befand. Seiner Wohltätigkeit ist es zu verdanken, dass eine schriftliche Quelle vom Leprosorium existiert.

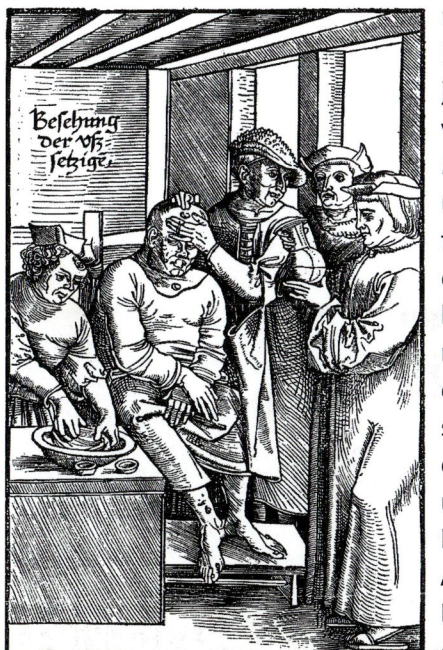

Lepra, auch als Aussatz oder Miselsucht bezeichnet, war seit dem frühen Mittelalter in ganz Europa verbreitet. Noch immer ist diese bakterielle Infektionskrankheit eine Weltseuche, kommt jedoch in der sogenannten 1. Welt äußerst selten vor. Wirksame Behandlungsmethoden fehlten im Mittelalter. So führte der Ausbruch der Krankheit unweigerlich zu Verstümmelungen der Gliedmaßen und des Gesichtes. In allen größeren Ansiedelungen jener Zeit wurden Siechenhäuser, sie hießen auch Leprosorien oder Miselhäuser, errichtet, die den Kontakt der Erkrankten zu gesunden Menschen unterbinden sollten. Diese Häuser lagen außerhalb der Stadtmauern, waren dennoch an verkehrsreichen Straßengabelungen und Kreuzungen gut erreichbar, denn die Leprakranken mussten ihren Unterhalt in Form von Almosen erbetteln. Die Spender hofften, zur Belohnung für ihre guten Taten mit Gottes Hilfe von der Krankheit verschont zu werden.

Nach Feststellung der Lepraerkrankung durch die sogenannte Lepraschau wurde der Erkrankte zum Schutz für Gesunde und als Warnung mit einer Klapper, Glocke oder einem Horn, oft mit spezieller Kleidung, die sich aus einem Mantel, Kapuze, Rock und Handschuhen zusammensetzte, ausgestattet. Auch besaß jeder Erkrankte ein eigenes Essgeschirr, eine Trinkflasche und einen Zeigestock. Die Aufgabe, die armen Kinder Gottes von der Gesellschaft abzusondern oder auszusetzen, übernahmen Geistliche nach festem religiösen Ritual. In einem Gottesdienst, ähnlich einer Totenmesse, wurden sie aus der Gemeinschaft ausgesegnet und verabschiedet. Sie galten als tot. Mit der Überführung in das Siechenhaus auf Lebenszeit wurden ihnen die Bestimmungen des dortigen Zusammenlebens dargelegt, die dem Leben im Kloster bezüglich Strenge, Enthaltsamkeit und Absonderung nahe kamen.

DIE FESTUNGSSTADT

Landgraf Philipp der Großmütige von Hessen (1504-1567), der einen Teil seiner Kindheit mit seiner Mutter Anna von Mecklenburg im Alten Schloss verlebte, führte 1526 die Reformation in Hessen ein. Ab 1533 begann er mit dem Festungsausbau Gießens. Die Festung wurde bereits wenige Jahre später geschleift, als die protestantischen Fürsten des schmalkaldischen Bundes im Krieg gegen die Truppen Kaiser Karls V. verloren hatten. Philipp kam als Gefangener in die Niederlande. Nach seiner Freilassung setzte er seinen Plan erneut in die Tat um und baute Gießen als Festung aus.

Jeder, der Gießen besucht, hat ihn befahren, beradelt, erlaufen oder zumindest überquert – den Anlagenring. Da, wo heute der breit angelegte und viel befahrene Verkehrsring ist, stand früher ein Festungsring um Gießen.

Das 16. Jahrhundert war in Mitteleuropa von sozialen und religiösen Umwälzungen geprägt, die kriegerische Auseinandersetzungen und in deren Folge Hunger und Seuchen mit sich brachten. Um sein Territorium zu sichern, errichtete Landgraf Philipp der Großmütige um Gießen eine Festungsanlage, die sogenannte Wallanlage.

Die Bürger Gießens waren von den Plänen des Landgrafen nicht sonderlich begeistert, da sie durch den Bau der Festung verpflichtet waren, auf dem Festungswall Kriegs- und Wachdienste auszuführen.

Die Festung Gießen, von Johannes Nikolaus Reuling im Jahr 1772 festgehalten. Die Nachfolger Philipps setzten sein Werk fort und bauten die Festungsanlage weiter aus. Vier Stadttore, das Selters-, Wall-, Neustädter- und Neuenwegertor, führten in die Stadt, die von einem stellenweise bis zu 15 Meter hohen Wall mit Bastionen, Kasematten und verschiedenen Außenwerken umwehrt wurde. Ein etwa 2,5 Meter tiefer Wassergraben umschloss die Festungsanlage.

Den richtigen Umgang mit den Festungsgeschützen vermittelte ein Lehrbuch für die Artillerie des Gießener Büchsenmeisters Jost Burck. Dieses Schaubild führte in den Kernschuss ein.

Auf Erinnerungsspuren und Reste der Festung kann man auch heute noch stoßen. Die Schanzenstraße weist auf die Lage der Georgenschanze an der Westanlage hin. Im Innenhof des Arbeitsamtes am Kennedyplatz kann man noch Reste eines Festungstores sehen. Brückenpfosten am Ausgang der Diez- und der Senckenbergstraße sind Relikte des alten Wallgrabens, dem sogenannten Schorgraben.

14 Jahre lang war Adam Schmalz Kommandant der Festung Gießen. Beachtenswert bei dieser Familiendarstellung ist die Kleidung des Sohnes. Sie gleicht der der Erwachsenen. Das ist darauf zurückzuführen, dass die Kindheit bis ins 18. Jahrhundert nicht als eigenständige Lebensphase angesehen wurde. Dieses Gemälde befindet sich im Leib'schen Haus des Oberhessischen Museums.

VOM WALL BEFREIT ...

Diese Ansicht von Gießen zeigt die Stadt um 1845 ohne Festungsring nach einem Stich von W. J. Cooke.

Schon lange nicht mehr zeitgemäß war die Festungsanlage um Gießen Ende des 18. Jahrhunderts. Unter militärischen Gesichtspunkten bot sie der Stadt keinen Schutz mehr, ihre Bausubstanz war in die Jahre gekommen.

Landgraf Ludwig X. gab 1803 für die Beseitigung des Festungsringes grünes Licht. Nachdem die ehemaligen Wallanlagen abgetragen und der Verteidigungsgraben zugeschüttet waren, gestaltete man park- und gartenähnliche Anlagen, an denen sich im Laufe des späten 19. Jahrhunderts repräsentative Wohngebäude des Bürgertums ansiedelten. Erst als über die Wieseck eine feste Brücke gebaut wurde, konnten die Anlagen als Verkehrsring ausgebaut werden. Reste der Parkanlagen finden sich auch heute noch an der Ost- und Südanlage.

Aus der Vogelperspektive kann man den Anlagenring und somit die Größe der ehemaligen Festungsstadt sehr gut erkennen.

DAS ZEUGHAUS

Unter Landgraf Ludwig IV. wurde zwischen 1586 und 1590 das Gießener Zeughaus errichtet. Nachdem die Festung ab 1805 geschleift worden war, diente das Zeughaus als Fruchtspeicher, Festsaal, Theater und im 19. sowie 20. Jahrhundert als Kaserne. Mit seinem Wiederaufbau nach dem Zweiten Weltkrieg hat es einige Veränderungen erfahren. Gegenwärtig befinden sich dort Institute der Justus-Liebig-Universität.

Am Landgraf-Philipp-Platz befindet sich das Zeughaus. Mit einer Länge von 85 und einer Breite von 22 Metern, 3 Geschossen sowie ursprünglich 4 Dachgeschossen ist es ein Gebäude von imposanter Größe. Dort musste jedoch auch eine Menge „Zeug" der Festungsstadt untergebracht werden. Ein Zeughaus war dazu bestimmt, allerlei Kriegsgerät, in diesem Fall das der hessischen Artillerie, aufzubewahren, das über Rampen direkt mit Pferdekraft in das Gebäude transportiert werden konnte. Waren es andernorts noch reine Nutzbauten, hatte das Gießener Haus bereits repräsentativen Charakter. Die Steine für den Zeughausbau kamen über die Lahn aus Marburg. Es lag nahe, einen Kanal von der Lahn direkt zur Baustelle zu bauen, damit das schwere Baumaterial auf Lastkähnen ohne Umweg sein Ziel erreichen konnte.

Direkt an die Südseite des Zeughauses schließt sich ein kleiner Anbau an. Es ist der alte Karzer, der 1609 erbaut wurde. Der in der zweiten Hälfte des 19. Jahrhunderts viel gelesene Schriftsteller Ernst Eckstein (1845-1900), ein gebürtiger Gießener, verfasste 1875 während eines Rom-Aufenthaltes die überaus erfolgreiche Schulhumoreske „Besuch im Karzer", in der er seine Erinnerungen an das Gießener Großherzogliche Gymnasium verarbeitete. Musste er doch in der Untersekunda selbst drei Tage im Karzer verbringen, weil er den Unterricht mit Knallerbsen gestört hatte. Der „Besuch im Karzer" ist eine Vorlage für Heinrich Spoerls „Feuerzangenbowle".

DER GROSSE BRAND

Mehrere Jahrzehnte liegen zwischen diesen beiden Aufnahmen, die den Brandplatz vom Alten Schloss aus zeigen. Dominierten in der älteren Fotografie noch Pferdefuhrwerk und Fußgänger, regiert heute auf dem Brandplatz das Automobil, abgesehen von den Zeiten, in denen der Wochenmarkt stattfindet. Das Turmgebäude, links auf der historischen Aufnahme zu sehen, beherbergte das Feuerwehrdepot Gießens. Anstelle des Turmhauses steht heute ein Wohn- und Geschäftsgebäude, das architektonisch dem historischen Vorgänger nachempfunden wurde.

Im Mai 1560 entlud sich ein folgenschweres Gewitter über Gießen. Es löste eine Feuersbrunst aus, der 168 Häuser zum Opfer fielen. Die zerstörten Häuser wurden nur teilweise wieder aufgebaut, so dass das Unglück von damals der Gießener Innenstadt eine große Freifläche bescherte – den Brandplatz und den Landgraf-Philipp-Platz. Wichtige Gebäude wie das Alte und das Neue Schloss sowie das Zeughaus finden sich an den beiden Plätzen. Früher standen hier noch weitere landgräfliche und auch universitäre Bauten, wie die Zehntscheuer, das alte Collegienhaus, die Anatomie und die Reitschule. Sie wurden jedoch im Zweiten Weltkrieg zerstört.

WOCHENMARKT IN GIESSEN

Kulinarische Verlockungen, leuchtende Farben der feilgebotenen Blumen, zahlreiche Verkaufsstände auf dem Brand-, dem Lindenplatz und in der Marktlaubenstraße laden zweimal in der Woche, Mittwoch und Samstag, neben dem alltäglichen Einkauf zum Schlendern und Verweilen ein. Die erste Marktordnung stammt von 1557, doch der Markt dürfte bedeutend länger Bestand haben. Gießen wurde bereits 1248 das Stadtrecht verliehen und zu einer Stadt gehörte auch ein Markt. Nachdem es auf dem ursprünglichen Marktplatz, heute ein Verkehrsknotenpunkt des öffentlichen Nahverkehrs, zu eng wurde und eine Ausdehnung der Marktfläche auf umliegende Plätze nicht ausreichend war, entschloss man sich, mit einem Durchbruch zwischen Brand- und Lindenplatz durch den Abriss einiger Häuser die Situation zu entspannen. Auf diese Weise entstanden zwischen 1892-1894 die Marktlaubenstraße mit ihren lichten Arkaden aus Sandstein auf der einen Seite und zu einem späteren Zeitpunkt die Marktlaubengeschäfte aus Vulkangestein auf der anderen Straßenseite.

1894 wurde der Marktlaubengang zwischen Brand- und Lindenplatz eröffnet. Nach der Wochenmarktordnung von 1896 durften dort Butter, Eier und Käse verkauft werden. Sperrige Waren in größerer Stückzahl wie Kartoffeln wurden auf dem Brandplatz und dem Kanzleiberg, Gemüse in kleineren Mengen auf dem Lindenplatz, Brennmaterialien, Stroh und Heu am Oswaldsgarten angeboten. Im Gießener Rathaus stand eine Waage, auf der Ware in kleineren Mengen nachgewogen werden konnte, sofern der Kunde den Verdacht hegte, beim Verkauf übers Ohr gehauen worden zu sein.

Marktgeschehen auf dem Brandplatz mit dem Neuen Schloss im Hintergrund

Ein Relief der Marktfrau mit Brotkorb in der Marktlaubenstraße weist darauf hin, dass das Marktgeschehen ursprünglich in weiblicher Hand und zudem ein beschwerliches Geschäft gewesen ist.

DIE UNIVERSITÄT

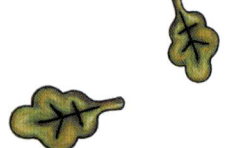

Direkt neben dem Alten Schloss am Brandplatz auf der Westseite des Botanischen Gartens befand sich das Alte Collegiengebäude. Auf der obersten Plattform des Treppenturmes an der Rückseite des Gebäudes war eine damals bedeutende Sternwarte eingerichtet. Das Renaissancegebäude wurde 1838, weil es baufällig geworden war, abgerissen und durch ein neues Collegiengebäude ersetzt.

Im 1879 erbauten Universitätshauptgebäude befinden sich die Aula, der Sitzungssaal des Senates und das Studentensekretariat. Präsident, Vizepräsident und Kanzler haben dort ebenfalls ihre Arbeitsräume.

Philipp der Großmütige gründete 1527 in Marburg die erste protestantische Universität. Da Marburg und Gießen nur etwa 30 km auseinander liegen, hätte man als zweiten Universitätsstandort bestimmt nicht das nahe Gießen ausgewählt, wenn nicht im Testament des Landesfürsten die Aufteilung Hessens unter seinen Erben verfügt worden wäre. So entstanden ursprünglich vier hessische Teilstaaten, von denen jedoch zwei wieder wegfielen, weil zwei Söhne frühzeitig starben. Übrig blieben Hessen-Kassel mit dem Universitätsstandort Marburg und Hessen-Darmstadt ohne Universität.

Als um 1600 Landgraf Moritz in Hessen-Kassel die kalvinistische Glaubenslehre durchsetzte, mussten die Theologieprofessoren lutherischen Glaubens Marburg verlassen. Sie wurden von Landgraf Ludwig V. von Hessen-Darmstadt in das nahe gelegene Gießen gerufen, um dort 1607 die lutherisch geprägte Ludwigsuniversität mit Erlaubnis Kaiser Rudolfs II. zu gründen unter der Bedingung, sie wieder aufzuheben, wenn Marburg erneut lutherisch würde.

Als im Dreißigjährigen Krieg Marburg an Hessen-Darmstadt fiel, wurde die Gießener Universität zugunsten Marburgs 1625 geschlossen und bei erneuter Teilung des Landes 1649 wieder eröffnet. Nach dem Zweiten Weltkrieg wurde die Gießener Universität durch die amerikanische Besatzungsmacht zunächst stillgelegt und ab dem Wintersemester 1946/47 mit einem stark reduzierten Fächerspektrum als Hochschule für Bodenkultur und Veterinärmedizin weitergeführt. Sie nannte sich nach Justus von Liebig. 1957, aus Anlass des 350-jährigen Bestehens der Universität, erhielt sie ihren Universitätsstatus wieder.

Friedrich Christian Laukhard, Lebenskünstler und Schriftsteller, beschrieb 1792 seine Studienzeit in Gießen in seinen Memoiren „Leben und Schicksale". Ein Studium war damals nicht unbedingt, sofern man es sich von Hause aus leisten konnte, auf einen erfolgreichen Abschluss ausgerichtet, sondern galt auch als eine Art Lebensschule.

Von ungezügelten Ausschweifungen, Trinkgelagen, Duellen und derben Späßen wird in Laukhards Lebenserinnerungen berichtet. Die Universität versuchte mit Universitätsgesetzen diese Überschreitungen einzudämmen. So wurde 1693 das „Saufen, Balgen, Tumultieren und Gassatim-Gehen" mit einem Verbot belegt. Im Studentengefängnis, dem Karzer, der sich heute noch als linker Anbau am Haupteingang des Zeughauses befindet, mussten Studenten die Disziplinarstrafen für ihre Verfehlungen absitzen.

Für die Stadt Gießen waren die Studenten und Beschäftigten der Universität stets ein wichtiger Wirtschaftsfaktor. Gegenwärtig werden nahezu 10 000 wissenschaftliche und nichtwissenschaftliche Mitarbeiter im Universitätsbereich beschäftigt, über 20 000 Studierende sind eingeschrieben. Kulturelle Angebote wie Lesungen, Theaterfestivals und Konzerte oder auch das Transferzentrum Mittelhessen mit seinen verschiedenen Dienstleistungen bereichern das wirtschaftliche und gesellschaftliche Leben Gießens.

In würdevoller und respekteinflößender Pose ließ sich Professor Johannes Georg Estor porträtieren, der von 1699 bis 1773 lebte. Auf Anweisung Landgraf Georgs II. wurde von jedem Professor ein Porträt angefertigt. Die Kosten übernahm zur Hälfte die Universität. Den Restbetrag musste jeder Professor selbst tragen. Im Senatssaal des Universitätshauptgebäudes befinden sich die meisten Werke der Professorengalerie aus dem 17. und dem 18. Jahrhundert. Diese Galerie gehört zu den bedeutendsten Sammlungen in Europa.

Die verschiedenen Fachbereiche der Universität sind über die ganze Stadt verstreut. Hier ist das Philosophikum I zu sehen, das Anfang der 70er Jahre gebaut wurde. Den größten Universitätskomplex bildet das Klinikum im Süden der Stadt. Dort werden jährlich um die 400 000 Patienten behandelt.

DIE TEIGSCHER FRAU

Der Grabstein der Frau von Berlepsch gewährt uns Einblick in die Mode des Adelsstandes zum beginnenden 17. Jahrhundert. Als verheiratete Frau trug sie eine Haube, denn ihr offenes Haar durfte nur ihr Ehemann sehen. Das Oberteil ihrer Bekleidung, das Mieder, wurde eng geschnürt. Der Rock ruhte auf einem Reifen aus Holz oder Draht und wurde mit einer Scheibenkrause abgeschlossen.

Ein Herz für Kinder besaß die Teigscher Frau. Anfang des 17. Jahrhunderts rief sie eine Stiftung ins Leben, aus der die Schulkinder Gießens im Jahr jeweils zwei Brötchen, die sogenannten Teigscher oder Dadscher, erhalten sollten. Die Teigscher Frau wird mit Dorothea von Berlepsch in Zusammenhang gebracht, die mit Oberst Johann von Schwalbach zu Gießen verheiratet war. Bis zur Lebensmittelknappheit des 1. Weltkrieges wurden die Teigscher der Legende nach verteilt. Ein schriftlicher Beleg über den Wahrheitsgehalt dieser Geschichte existiert nicht. Der Grabstein der Frau von Berlepsch stand ursprünglich auf dem Alten Friedhof, befindet sich jedoch heute in der Eingangshalle des Oberhessischen Museums im Alten Schloss am Brandplatz Nr. 2.

DER ÄLTESTE BOTANISCHE GARTEN

Hier stand früher ein Tropenhaus. Daran erinnern heute nur noch Treppenaufgänge und ein Wasserspeier samt Wasserbassin unterhalb des Platzes. Das Wasserbassin war ursprünglich beheizbar, so dass auch außerhalb des Gewächshauses Seerosen gedeihen konnten.

In zentraler Lage der Gießener Innenstadt befindet sich der bundesweit älteste, am ursprünglichen Standort verbliebene Botanische Garten.

Eine Schenkung im Jahr 1609 durch Landgraf Ludwig von Hessen anlässlich der Universitätsgründung legte den Grundstein für einen Hortus Medicus, der ein Heilpflanzengarten und zugleich Lehrstätte der medizinischen Fakultät war.

Da im 18. Jahrhundert durch frühindustrielle Aktivitäten in den Wäldern viel Holz geschlagen wurde, wurde der Botanische Garten 1802 um einen Forstgarten erweitert. Baumarten aus verschiedenen Kontinenten wurden dort auf der Suche nach besonders schnell wachsenden Arten angepflanzt. Ein 200 Jahre alter Ginkgo aus dieser Forstgartenzeit befindet sich heute noch im Botanischen Garten. Der Forstgarten wurde später an den Fuß des Schiffenberges verlegt, wo er auch heute noch besichtigt werden kann. Er wird jedoch nicht mehr bewirtschaftet.

Etwa 8000 Pflanzen wachsen im Botanischen Garten, der von den Gießenern als ein Ort der Ruhe inmitten der Stadt geschätzt wird. Der Botanische Garten kann von Frühjahr bis Herbst besichtigt werden.

Wie ein Glaspalast sah das einstige Tropenhaus aus, das 1904 errichtet und im Zweiten Weltkrieg zerstört wurde.

DER ALTE FRIEDHOF

Schräg hinter der Friedhofskapelle befindet sich das Totenhaus der Katharina Wolff von Todenwarth. Im Andenken an seine 1635 an der Pest verstorbene Ehefrau rief der Universitätskanzler Dr. Antonius Wolff von und zu Todenwarth eine Stiftung für bedürftige Gießener Bürger ins Leben, die auch heute noch Bestand hat. Am Sterbetag seiner Frau, dem 10. Juni, wird jedes Jahr der Stiftungsbetrag von 50 Gulden ausgezahlt. Umgerechnet sind dies heute nur noch rund 43 Euro.

Rechts neben dem Eingang der Friedhofskapelle, in die Außenmauer eingelassen, befindet sich der Grabstein des 1702 verstorbenen Johannes Bast. Entgegen den üblichen Gepflogenheiten des Barocks sind keine Berufsembleme im Wappen des Grabsteines vorhanden. Bast hatte das Amt des Scharfrichters inne und gehörte somit einem unehrenhaften Gewerbe an. Damit sein Sohn Medizin studieren und sein Schwiegersohn in die Zunft der Barbiere eintreten konnten, wandte sich Johannes Bast mit der Bitte um einen Ehrlichkeitsbrief an den Kaiser in Wien. Nachdem dieser Brief eingetroffen war, gab er selbst das blutige Geschäft des Scharfrichters auf und betätigte sich in seinem letzten Lebensjahr als Heilpraktiker.

Bevor um 1530 am Nahrungsberg ein Friedhof angelegt wurde, bestattete man die Toten im Zentrum der Stadt an der Pankratiuskirche, von der heute nur noch der Stadtkirchenturm erhalten ist. Dieser Friedhof wurde jedoch zu klein, so dass man außerhalb Gießens – weit genug von den Geschützen der Festungsanlage um die Stadt entfernt – einen neuen Gottesacker errichtete. Dieser „neue" Friedhof wurde Anfang des 20. Jahrhunderts zum „Alten Friedhof", da sich seit 1903 im Norden der Stadt am Rodtberg der Neue Friedhof befindet.

Heute stellt der Alte Friedhof mit seinem alten Baumbestand eine reizvolle Parkanlage dar, die von Spaziergängern, Ruhesuchenden und Sonnenanbetern gerne aufgesucht wird. Seine Grabanlagen und steinernen Grabmonumente bilden einen wichtigen Quellenfundus zur Stadt- und Universitätsgeschichte und berichten über kleine und große Schicksale einer Zeitspanne von mehr als 450 Jahren.

Einlass zum Friedhofsgelände finden die Besucher über den Nahrungsberg, den Lutherberg und von der Licher Straße aus.

Die Friedhofskapelle auf dem Alten Friedhof wurde 1794 von dem französischen Revolutionsheer als Artilleriewerkstatt genutzt.

Der älteste noch erhaltene Kirchenbau Gießens, die Friedhofskapelle auf dem Alten Friedhof, wurde von dem Gießener Stadtbaumeister Johann Ebel zum Hirsch (ca. 1570-1636) 1625 erbaut. Hugo von Ritgen (1811-1889) erweiterte und restaurierte das ursprünglich einstöckige Gebäude, nachdem 1840 Teile der Kapelle eingestürzt waren.

Wie sein Grabmal einmal aussehen sollte, hat Hugo von Ritgen, Professor für Kunstgeschichte und Architektur in Gießen, detailgenau geplant. Die Bedachung des Grabsteines weist auf seine Betätigung als Restaurator hin.

Der Erbauer der Friedhofskapelle, Johann Ebel zum Hirsch, wurde um 1625 von Clemens Beutler in Öl porträtiert. In der Hand des Baumeisters befindet sich ein Zollstock. Das Gemälde gehört zur Dauerausstellung des Oberhessischen Museums im Alten Schloss.

JUSTUS VON LIEBIG

Dieser Stich von 1850 zeigt den 47-jährigen Justus von Liebig.

1820 schuf Ernst Bieler diese Ansicht des Seltersberges in Öl. Noch standen keine Häuser rechts und links der schmalen Straße, der späteren Frankfurter Straße, die über die Wieseck auf den Seltersberg führte. Dort befand sich die Kaserne des großherzoglichen Infanterieregimentes mit zwei Wachhäuschen. Da das Regiment nach Worms verlegt wurde, konnte Liebig im rechten Wachhäuschen seine Laborräumlichkeiten einrichten, die später mit einem Anbau erweitert wurden.

„Das Beste an Gießen ist sein Bahnhof", soll Liebig über Gießen geäußert haben, doch ist er 28 Jahre lang als Forscher, Erfinder, Lehrer, Familienvater und aktives Mitglied des gesellschaftlichen Lebens hier geblieben. Heute ist er mehr denn je als Namenspatron für verschiedene Einrichtungen wie der Justus-Liebig-Universität oder der Liebigschule im Stadtleben Gießens präsent.

Geboren wurde Liebig 1803 in Darmstadt als Sohn eines Drogisten, in dessen Labor er bereits früh spielerisch den Umgang mit verschiedenen Materialien und Stoffen erlernte. In der Schlossbibliothek Darmstadt erhielt er Zugang zur chemischen Fachliteratur und schulte bei Vorführungen und Tricks der Schausteller auf dem Jahrmarkt seine exzellente Beobachtungsgabe.

Nachdem Liebig seine schulische Laufbahn am humanistischen Gymnasium frühzeitig hatte beenden müssen und eine Apothekerlehre ebenfalls vor dem regulären Ende abgebrochen hatte, nahm er in Bonn ein Chemiestudium auf. Als Stipendiat studierte er später bei den angesehensten Chemikern in Paris. Dort lernte er den bekannten Naturforscher Alexander von Humboldt kennen, der Liebigs Fähigkeiten erkannte und ihn Großherzog Ludwig I. von Hessen-Darmstadt empfahl, worauf Liebig bereits mit 21 Jahren als außerordentlicher Professor für Chemie an die Landesuniversität Gießen berufen wurde.

In seinen ersten Jahren in Gießen verwendete Liebig viel Energie darauf, die Arbeitsbedingungen seiner Mitarbeiter und Schüler zu verbessern. Das Analytische Labor im Erweiterungsbau, hier in einer Ansicht von Trautschold im Jahre 1842, entwickelte sich unter seiner Leitung zu einer fortschrittlichen Forschungsstätte, deren Arbeitsplätze mit Wasseranschlüssen und Abzügen ausgestattet waren, damit schädliche chemische Dämpfe nach außen entweichen konnten.

In Gießen machte Liebig seine wichtigsten wissenschaftlichen Entdeckungen. Er gilt als der Begründer der organischen Chemie und hat mit der Erfindung des Fünfkugel-Apparates die Elementaranalyse organischer Stoffe vereinfacht. Neben der Entwicklung verschiedener Theorien wie der Wertigkeit von Atomen ist er ebenfalls der Begründer der Tierchemie und der Agrikulturchemie. Mit seinen Studien über den Stoffwechsel bei Pflanzen bekräftigte er, dass dem Boden nach der Ernte die durch das Wachstum der Pflanze entzogenen Stoffe wieder zugeführt werden müssen. Durch die gewonnenen Erkenntnisse konnte man der Ernährungsnot seiner Zeit entscheidend entgegentreten. Ein weiterer Verdienst Liebigs war die Einführung des Experimentalunterrichtes. Die von ihm propagierte Ausbildung zum Chemiker fand nicht mehr nur im Hörsaal und über Bücher statt, sondern im Labor, experimentierend im direkten Umgang mit der Materie. Die vielfältigen wissenschaftlichen Errungenschaften Liebigs zogen auch einen ganz praktischen Nutzen nach sich. Mit der Entwicklung des Silberspiegels konnte der bis dahin geläufige Quecksilberspiegel ersetzt werden, dessen Herstellung bei den Arbeitern zu schweren Quecksilbervergiftungen geführt hatte. Der Silberspiegel wurde unter anderem in der Astronomie zum Bau von Teleskopen eingesetzt. 1847 erfand Liebig ein Verfahren zur Herstellung von Fleischextrakt. Auf diese Weise konnte das bei der Häutegewinnung in Südamerika anfallende Fleisch effizient genutzt werden.

Liebigs ehemalige Wirkungsstätte kann auch heute noch am Originalschauplatz in der Liebigstraße 12 besichtigt werden. Das Liebigmuseum wurde 1920 eröffnet und gehört zu den wichtigsten naturwissenschaftlichen Museen weltweit. Die Arbeitsräume und die zum Teil originale Laborausstattung gewähren einen tiefen Einblick in den Forschungsalltag des Chemielaboratoriums.

Die 1953 zum 150. Geburtstag Liebigs neu geschaffene Gedenkstätte an der Ostanlage erinnert an den vielseitigen Wissenschaftler und Ehrenbürger Gießens. Nach Liebigs Weggang nach München 1852 sollte es 36 Jahre dauern, bis ihm von Gießener Bürgern ein Denkmal errichtet wurde, das jedoch im Zweiten Weltkrieg zerstört wurde.

GIESSENER KÖPFE

Jean Georges Wille, eigentlich Johann Georg Will, wurde am 5.11.1715 auf der Obermühle in Biebertal bei Gießen geboren. Er lernte beim Gießener Büchsenmacher Peter Wittemann das Handwerk des Graveurs und in Usingen die Waffenschmiedekunst. Danach beschloss er, sein Glück in Paris zu versuchen, dem kulturellen Zentrum jener Zeit. Als Kupferstecher, freier Künstler und Kunstverleger erlangte er dort einen hohen Bekanntheitsgrad, so dass führende Denker und Künstler seiner Zeit, wie Herder, Gluck und F. A. Tischbein, ihn in seinem Atelier in Paris besuchten. Seiner glänzenden Karriere als Hofgraveur wurde mit der Französischen Revolution ein Ende gemacht. Am 5.4.1808 starb Jean Georges Wille verarmt in Paris. Das Oberhessische Museum besitzt die fast vollständige Sammlung seines Kupferstichwerkes.

Neben dem großen Liebig gab es in Gießen und von Gießen ausgehend zu allen Zeiten Frauen und Männer, die mit ihrem Engagement, Können und Mut die Herausforderungen ihrer Zeit angenommen haben. Stellvertretend wurden hier nur einige „Gießener Köpfe" ausgewählt.

Gefallen hat es ihm während seiner Studienzeit in Gießen nicht. So schrieb Georg Büchner seiner Verlobten nach Straßburg: „Hier ist kein Berg, wo die Aussicht frei sei. Hügel hinter Hügel und breite Täler, eine hohe Mittelmäßigkeit in Allem; ich kann mich nicht an diese Natur gewöhnen, und die Stadt ist abscheulich." Geboren am 17.10.1813 in Goddelau bei Darmstadt, studierte der Verfasser von „Dantons Tod", „Woyzeck" und „Leonce und Lena" in Gießen Naturwissenschaften, Medizin und Philosophie. Er wohnte im Seltersweg, der heutigen Einkaufsmeile Gießens. Da das ursprüngliche Wohnhaus Büchners nicht mehr existiert, befindet sich stellvertretend am Haus Nr. 46 zu seinem Gedenken eine Bronzetafel. Auf der Badenburg bei Gießen, einem alten Herrensitz an der Lahn, der heute zu einem großen Teil Ruine ist, jedoch im Kellergewölbe eine Gaststätte beherbergt, verfasste Büchner in der Aufbruchsstimmung des Vormärz als Reaktion auf die Armut der oberhessischen Landbevölkerung den Hessischen Landboten. Diese Protestschrift gegen die Politik der Landesfürsten beinhaltete den berühmt gewordenen Leitsatz: „Friede den Hütten, Krieg den Palästen". Büchners Freund Minnigerode wurde mit Exemplaren der Flugschrift, die in Gießen verteilt werden sollten, am Selterstor festgenommen. Georg Büchner konnte aus Gießen fliehen. 1837 starb er in Zürich.

Im Gegensatz zu Büchner erinnerte sich der Sozialdemokrat Wilhelm Liebknecht gern an seine Zeit in Gießen: „Mein Gießen lob ich mir, es ist zwar kein Klein-Paris, aber es ist Gießen, und wenn ich einmal daran denke, fern von Kampfgewühl, in Ruhe und Freiheit, dann denke ich an mein liebes Gießen mit der schönen Umgegend, in welcher weit und breit kein Stein ist, den ich nicht in der Kindheit und Jugend betreten." Am 29.3.1826 wurde er in der Georg-Schlosser-Straße Nr. 12 geboren. Sein Geburtshaus wurde im Dezember 1944 bei den Bombenangriffen zerstört. Seine Eltern starben bereits früh, so dass er in seiner Kindheit und Jugendzeit unter wechselnder Vormundschaft lebte. Liebknecht besuchte ein Gießener Gymnasium und studierte in Gießen, Berlin und Marburg Philologie, Theologie und Philosophie. Nach Jahren des Exils in der Schweiz und England aufgrund seiner politischen Aktivitäten gründete Wilhelm Liebknecht zusammen mit August Bebel 1869 die Sozialdemokratische Arbeiterpartei, ein Vorläufer der heutigen SPD. Er war deren erster Abgeordneter im Reichstag. Besonders am Herzen lag ihm die Bildung des Volkes. Sein persönlicher und politischer Leitspruch lautete in Anlehnung an ein altes Francis-Bacon-Zitat „Wissen ist Macht" und so trug er auch aufgrund seines umfangreichen Allgemeinwissens den Spitznamen Library (Bibliothek). Am 7.8.1900 starb Liebknecht in Berlin. 19 Jahre später wurde sein Sohn Karl dort von Freikorpsoffizieren erschossen.

Maria Birnbaum war die erste Parlamentarierin der Stadt Gießen. Die Tochter aus gutbürgerlichem Hause, geboren 1872 in Gießen, erwarb nach ihrer Ausbildung im niederländischen Nonnenkloster Marienwerth in Koblenz die Lehrerlaubnis an Höheren Mädchenschulen. Zur Vervollkommnung ihrer Aus-„Bildung" gehörte ein längerer Auslandsaufenthalt in England, Italien und Ungarn, wie es für eine gut situierte junge Frau üblich war. Nach ihrer Rückkehr erhielt Maria Birnbaum eine Anstellung an der Höheren Mädchenschule in Gießen. Infolge eines politischen Fauxpas' – sie unterstützte den Wunsch ihrer Schülerinnen, dem deutschen Kaiser einen Geburtstagsgruß ins Exil zu senden – erfolgte die Strafversetzung an eine Volksschule, woraufhin sie den Schuldienst verließ. Als Abgeordnete des Hessischen Landtages und Mitglied der Deutschen Volkspartei setzte sie sich weiterhin für die Belange ihrer Heimatstadt ein. Besonders am Herzen lag ihr das Wohl des Stadttheaters und der Universität. Bereits 1925 warnte sie vor den Folgen der Hakenkreuzideologie. 1959 starb Maria Birnbaum.

GIESSEN BEKOMMT ANSCHLUSS AN DIE WELT

Diese alte Ansichtskarte aus der Zeit um 1915 zeigt den Gießener Bahnhof bereits so, wie wir ihn heute kennen. Lediglich die Verkehrsmittel, Droschke, elektrische Straßenbahn und Oldtimer, weisen darauf hin, dass es sich um eine historische Aufnahme handelt. Eine provisorische Haltestelle befand sich zunächst am Oswaldsgarten. Der eigentliche Bahnhof konnte 1854 auf dem Seltersberg eröffnet werden. 50 Jahre später wurde er über einen Zeitraum von 6 Jahren umgebaut und erhielt das gegenwärtige Erscheinungsbild.

Nachdem der Festungsring um Gießen beseitigt worden war, entwickelte sich die Stadt im Laufe des 19. Jahrhunderts rasch über ihre alten Grenzen hinaus. Es entstanden zum Beispiel im Süden neue Straßenzüge mit repräsentativen Gebäuden wie die Liebig- oder die Wilhelmstraße.

Mit dem Bau der Main-Weser-Bahn (1864-1852) wurde Gießen an die Eisenbahnstreckenführung angeschlossen; nach und nach kamen weitere Streckenverbindungen beispielsweise nach Köln, Fulda und Berlin hinzu. Von da an wurde Gießen aufgrund seiner günstigen Verkehrslage auch als Industriestandort interessant. Rohstoffe konnten verhältnismäßig leicht zugeführt, die fertigen Waren zu anderen Absatzmärkten befördert werden. Auch innerhalb der Stadt wurde man mobil. 1894 entstand auf Initiative von Geschäftsleuten die Gießener Omnibusgesellschaft. Ihre Pferdeomnibuslinien mussten jedoch von der Stadt finanziell unterstützt werden, so dass der Magistrat 1909 beschloss, stattdessen die elektrische Straßenbahn einzuführen.

Auf dieser Fotografie ist die Errichtung der Straßenbahntrasse in der Liebigstraße/ Ecke Bahnhofstraße zu sehen. Es gab zwei Straßenbahnlinien: die rote und die grüne Linie. Linie Rot führte vom Bahnhof über die Liebigstraße, den Seltersweg, den Marktplatz, die Schulstraße und die Grünberger Straße zum Schützenhaus. Die grüne Linie vom Bahnhof über den Marktplatz und die Walltorstraße zum Neuen Friedhof.

Eine Fahrt mit der Straßenbahn kostete bis 1923 10 Pfennig. Man zahlte mit Wertmarken, die im Wagen in einen Kasten geworfen wurden.

DAS STADTTHEATER – EIN ZEICHEN BÜRGERLICHEN GEMEINSINNS

Der griechische Gott Apollo und sein Gespann zierten bis zum Ersten Weltkrieg das Zuschauerhaus des Stadttheaters. Wegen kriegsbedingter Rohstoffknappheit wurde die bronzene Skulpturengruppe eingeschmolzen. Geblieben sind die Muse der Komödie, Thalia, und Melpomene, die Muse der Tragödie.

Seit langer Zeit wird in Gießen Theater gespielt, davon bald 100 Jahre im Stadttheater am Berliner Platz, das pünktlich zum 300-jährigen Jubiläum der Ludwigsuniversität, 1907, eröffnet wurde. Das Theater wurde auf Initiative der Gießener Bürgerschaft errichtet und zu einem erheblichen Anteil von ihr finanziert. So steht noch heute über dem Portal: „Ein Denkmal bürgerlichen Gemeinsinns". Mehr als 220 Mitarbeiter werden am Stadttheater beschäftigt, die rund 50 verschiedene Berufsbilder vertreten. Darunter befindet sich zum Beispiel der alte Beruf des Theatermalers. Wer hinter die Kulissen des Theaters schauen möchte, es vom Schnürboden unter dem Dach bis zu den Werkstätten im Keller kennen lernen möchte, sollte sich bei der Tourist-Information zu einer der regelmäßigen Führungen anmelden. Gruppen können sich direkt an das Theater wenden.

Das Gießener Stadttheater bietet auf zwei Bühnen im Haupthaus und im Theaterstudio im Löbershof (TIL) mit Oper, Operette, Musical, Schauspiel, Tanztheater, Kinder- und Jugendtheater ein breit gefächertes Repertoire für den mittelhessischen Raum.

VOM ENTRIPPEN, WICKELN UND ROLLEN

Besonders auf dem Land galt die Arbeit in den nahe gelegenen Filialbetrieben der Zigarrenherstellung als ein willkommener Nebenerwerb für Frauen, der half, die Lebenslage in den Dörfern zu verbessern. Die Arbeiterinnen mussten jedoch neben ihrer Tätigkeit in der Fabrik zumeist zusätzlich in der heimischen Landwirtschaft helfen, den Haushalt besorgen und die Kinder großziehen. Ohne die Unterstützung einer Großfamilie wären diese Belastungen nicht zu meistern gewesen.

Entrippen, Wickeln und Rollen sind grundlegende Schritte der Zigarrenproduktion. Zuerst werden die getrockneten Tabakblätter von den Rippen befreit, dann aus der Tabakeinlage und einem Umblatt Wickel hergestellt, die wiederum in ein Deckblatt gerollt werden. Die erste Rauchtabakwarenfabrik in Gießen wurde 1812 von dem Dillenburger Kaufmann Georg Philipp Gail gegründet, da in Dillenburg selbst ein von Napoleon angeordnetes staatliches Tabakmonopol eingeführt worden war. 27 Jahre später entstand in Gießen die erste Zigarrenfabrik. Weitere Fabriken und Filialbetriebe kamen im Laufe der Zeit auf dem Land hinzu. In der Produktion wurden hauptsächlich Frauen beschäftigt; die Arbeit war monoton und wurde auf Basis des Akkordsystems schlecht bezahlt.

DER GIESSENER SCHLAMMBEISSER

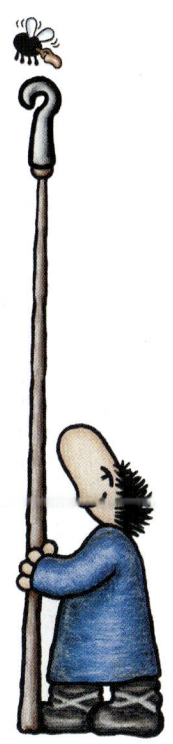

Lange Stangen, die mit Eisenhaken versehen waren, gehörten zum Handwerkszeug des Schlamp-Eisers.

Über die Grenzen Gießens hinaus ist der Beiname Schlammbeißer für alteingesessene Gießener bekannt. Dieser ursprünglich nicht gerade schmückende Beiname ist fester Bestandteil der Gießener Volksseele geworden. Vereine wurden nach ihm benannt und Verse sind ihm gewidmet worden.

Eigentlich sollte es Schlamp-Eiser heißen. Bevor die Gießener Altstadt über eine Kanalisation verfügte, befanden sich die Toiletten an den Außenwänden der Häuser. Über Holzrohre wurden die Fäkalien in große Kübel geleitet. Da in der Altstadt die Häuser dicht aneinander gebaut waren, standen die Kübel in schmalen Hauszwischenräumen. Mit langen Stangen, an denen Eisenhaken befestigt waren, wurden die Kübel zwischen den Häusern hervorgezogen und von einem Fuhrmann abtransportiert. Besonders im Sommer müssen der Gestank und die Fliegenplage, die von den gefüllten Kübeln ausgegangen sind, unerträglich gewesen sein. Aus diesem Grund gab es einen städtischen Erlass, dass die Fäkalien nur nachts abtransportiert werden durften. Deponiert wurde der Schlamp, der im Spätherbst gerne als Dünger auf die abgeernteten Felder aufgebracht wurde, am Rodtberg.

DER ERFINDER DER RÖNTGENSTRAHLEN

Stäbe, die durch einen Bronzekörper führen, repräsentieren eine der wichtigsten Entdeckungen der Medizindiagnostik. Das Röntgendenkmal befindet sich schräg gegenüber der Kongresshalle.

Wilhelm Conrad Röntgen wurde am 27.03.1845 in Lennep im Rheinland geboren. Am 10. Februar 1923 starb er mit 78 Jahren in München. Er wurde im Familiengrab auf dem Alten Friedhof in Gießen beigesetzt, wo bereits seine Frau und seine Eltern beerdigt worden waren.

„Zum Röntgen bitte": Diese oder eine ähnlich lautende Aufforderung wird ein jeder schon einmal im Krankenhaus oder in einer Arztpraxis gehört haben.

Röntgenstrahlen sind in der Medizin eine ganz alltägliche Methode geworden, um innere Verletzungen und Schäden bei Mensch und Tier ohne operativen Eingriff zu erkennen. Wilhelm Conrad Röntgen machte 1895 an der Universität Würzburg diese revolutionäre Entdeckung eher zufällig bei Untersuchungen an Gasentladungsröhren. Ein sich in der Nähe der Röhre befindliches Spezialpapier zeigte Verfärbungen, die ihn auf die Spur der X-Strahlen brachte, wie er die Röntgenstrahlen selbst nannte.

Der Physiker, der ebenso wie Einstein und Liebig vor dem Abitur von der Schule geflogen war, war 8 Jahre lang vor Entdeckung der Röntgenstrahlen von 1879 bis 1888 an der Gießener Universität tätig. In seinen Arbeitsräumen in der Frankfurter Straße 10 und im Universitätshauptgebäude befasste er sich mit Experimenten zu Wärme und Elektrizität. 1901 erhielt Wilhelm Conrad Röntgen den ersten Nobelpreis der Physik.

DIE ERSTE ERFOLGREICHE BLUTWÄSCHE AM MENSCHEN

Eine kranke Niere ist nicht mehr in der Lage, Stoffwechselendprodukte wie den Harnstoff und andere Gifte aus dem Blut zu filtern. Das Hämodialyseverfahren, vereinfacht auch als Blutwäsche bezeichnet, ersetzt die fehlende Nierenleistung zumindest für einen begrenzten Zeitraum, indem es das Blut des Patienten außerhalb seines Körpers zwei- bis dreimal wöchentlich in einer vierstündigen Prozedur reinigt und entgiftet.

Als junger Lazarettarzt im Ersten Weltkrieg lernte Georg Haas das Leiden nierenkranker Soldaten kennen. Der tägliche Umgang mit dem Krankheitsbild motivierte ihn bereits 1915 zu Studien über Dialyseverfahren im Tierversuch. Um sie zu Therapiezwecken am Menschen einsetzen zu können, mussten allerdings erhebliche Schwierigkeiten hinsichtlich der verwendeten Materialien und Präparate überwunden werden.

Mit der Konstruktion eines Kabinensystems, durch das das Blut in mehreren parallel geschalteten Röhren floss, konnten defekte Bestandteile leicht ausgetauscht werden und somit das Risiko eines hohen Blutverlustes für den Patienten während der Dialyse verringert werden.

Die erste Hämodialyse am Menschen fand 1924 in der Medizinischen Klinik in Gießen statt und dauerte etwa 15 Minuten. In den folgenden Jahren führte Haas weitere Blutwäschen durch, die Menschenleben retteten. 1929 zog er sich jedoch aus der Forschung zurück. Ihm war eine Pionierleistung gelungen, die kaum bekannt wurde und lange Zeit in Vergessenheit geriet. Willem Johann Kolff griff den Gedanken der künstlichen Niere 1943 neu auf. Erst in den 1960er Jahren wurde mit der Entwicklung dauerhafter Gefäßzugänge ein Dialyseverfahren für chronische Nierenpatienten entwickelt.

Professor Georg Haas (1886-1971) widmete als Arzt und Forscher sein Leben der Medizin. Nach dem Medizinstudium in München und Freiburg und der Promotion in Freiburg folgten Anstellungen in Straßburg und an der Medizinischen Klinik des Universitäts-Klinikums in Gießen. 1924 übernahm Georg Haas die Leitung der Medizinischen Poliklinik in Gießen, ebenso war er als Internist im Gießener St. Josefs-Krankenhaus tätig.

WESTLICH DER LAHN

Infolge der Randlage nahm die Öffentlichkeit lange Zeit die sozialen und materiellen Probleme der Siedlung kaum wahr und als gegeben hin. Mitte der 80er Jahre engagierten sich die Bewohner der „Gummiinsel" für eine grundlegende Sanierung ihres Wohnquartiers. In das Mauerwerk der Häuser waren Feuchtigkeit und Schimmel eingezogen; auch mussten die sanitären Anlagen modernisiert werden.

„Westlich der Lahn ist die Luft viel frischer" lautet der Titel eines Geschichtsheftes, in dem Kinder aus Gießen-West die Geschichte ihres Stadtteils erzählen. Ende des 19. Jahrhunderts standen dort neben dem Gießener Schweinemarkt und den großen Wäschebleichen an der Lahn nur wenige Wohnhäuser. In den 30er Jahren des 20. Jahrhunderts wurden im Bereich des Leimenkauter Weges und der Krofdorfer Straße Notwohnungen erbaut, die sich fernab des Stadtgeschehens befanden. Aufgrund der nach dem Ersten Weltkrieg herrschenden Wohnungsnot wurden sie für kinderreiche Familien, deren Familienväter häufig einem ambulanten Gewerbe beispielsweise als Hausierer oder Alteisenhändler nachgingen, und für Menschen, die die Miete in den Häusern der Innenstadt nicht aufbringen konnten, erbaut. Bei jedem Haus befand sich zur Selbstversorgung ein kleiner Garten. Die Mieten sollten erschwinglich sein. Da einige Bewohner der neu entstandenen Siedlung in Heimarbeit für eine Gummifabrik Gummiringe zählten und sortierten und die kleinen Häuschen der Siedlung, die sogenannten Rotklinkerhäuschen, alljährlich vom Hochwasser bedroht wurden, erhielt sie schnell den Beinamen „Gummiinsel".

Mit Geldern der Landesregierung und der Stadt wurden die ehemaligen Notwohnungen saniert und von den Bewohnern liebevoll hergerichtet. Sie sind heute ein hessisches Kulturdenkmal. Mit der Errichtung eines Gemeindezentrums, dem Wilhelm-Liebknecht-Haus, und dem weiteren Ausbau von Gießen-West hat sich die Infrastruktur des Viertels entscheidend verbessert.

ZWEI STANDHAFTE FRAUEN

Zwei Frauen, eine Stadt, eine Zeit. Beide sind unbeugsam, stehen zu ihren Überzeugungen. Beide weigern sich unter der nationalsozialistischen Herrschaft in Gießen standhaft, ihre Lebensideale denen der NS-Machthaber zu unterwerfen. Die eine – Hedwig Burgheim – wird im Alter von 55 Jahren im Konzentrationslager Auschwitz ermordet. Die andere – Auguste Wagner – wird noch wenige Monate vor dem Kriegsende zu einer Gefängnisstrafe verurteilt.

Was war geschehen?

Mit der Machtergreifung Hitlers 1933 begann auch in Gießen die Zeit der Judenverfolgung. Nach der letzten Deportation jüdischer Bürger in die Vernichtungslager im September 1942 gab es in Gießen kein jüdisches Leben mehr. Auch Hedwig Burgheim konnte sich vor der Verfolgung nicht mehr retten. Weil sie Jüdin war, wurde sie bereits 1933 nach 13 Jahren erfolgreicher Tätigkeit als Leiterin des Gießener Fröbel-Seminars (Ausbildungsstätte für Erzieherinnen) entlassen. Bis zu ihrer Deportation lebte sie in Leipzig. Hedwig Burgheim blieb ihrem Ideal des freien, denkenden und selbständigen Menschen, nach dem sie lebte und arbeitete, treu. Ihr Leitmotiv war immer „ ... und dennoch".

Auguste Wagner hielt – trotz des stärker werdenden Druckes – zu ihren jüdischen Freunden, die in ausgewählten Häusern der Walltor- und Landgrafenstraße auf engstem Raum zusammengepfercht leben mussten. Sie versteckte jüdische Bekannte im Keller ihres Hauses vor einer Razzia. Im Februar 1945 wurde sie in Jena zu 8 Jahren Zuchthaus und 8 Jahren Ehrverlust verurteilt, weil sie sich wiederholt kritisch über das nationalsozialistische Regime geäußert hatte.

Hedwig Burgheim wurde am 28. August 1887 in Alsleben geboren und im Februar 1943 im Konzentrationslager Auschwitz ermordet. Ihrem Leben und Wirken zum Gedenken verleiht die Stadt Gießen regelmäßig die Hedwig-Burgheim-Medaille für Verdienste um Verständnis und Verständigung zwischen den Menschen.

Auguste Wagner wurde am 14.4.1900 in Heusenstamm/ Offenbach geboren und starb am 7.5.1987 in Gießen. Um ihre Standhaftigkeit gegen die NS-Machthaber zu würdigen, wurde ihr 1986 die Hedwig-Burgheim-Medaille verliehen.

Es brauchte viele Jahre der Annäherung, bis im Jahre 1978 die Jüdische Gemeinde in Gießen neu gegründet werden konnte. 57 Jahre nach der Zerstörung der beiden Synagogen in der Steinstraße und der Südanlage (Pogromnacht am 9.11.1938) erhielt Gießen auch wieder ein jüdisches Gotteshaus: 1995 wurde die Synagoge mit Gemeindezentrum im Burggraben eröffnet, nachdem sie zuvor in Wohra bei Marburg abgetragen und hier wieder aufgebaut und restauriert wurde. An die namentlich bekannten 345 Gießener jüdischen Opfer des Holocaust erinnert eine Gedenktafel im Gemeindezentrum.

SCHUTT UND ASCHE

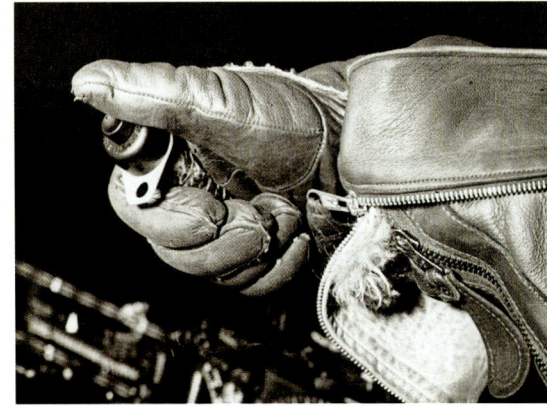

Der Auslöseknopf eines Bombers, durch den die Tod und Vernichtung bringende Ladung abgeworfen wurde

Eine Aufnahme aus der Vogelperspektive der britischen Luftwaffe zeigt im März 1945 das Ausmaß der Zerstörung. Etwa 800 Menschen starben während der Angriffe mit Spreng- und Brandbomben. Von 3797 Gebäuden der Stadt blieben nur 45 unbeschädigt.

Gießen wurde vom März 1944 bis März 1945 aufgrund seiner militärischen Bedeutung und strategisch wichtigen Verkehrslage Ziel schwerer Bombenangriffe durch die alliierten Mächte.

Damit die Kriegspiloten mit ihrer unheilvollen Fracht ihr Ziel verfehlten, mussten die Wohnungen immer wieder verdunkelt werden. Ertönte der Fliegeralarm, wurde eilig das bereitgestellte Handgepäck mit den wichtigsten Dingen und Dokumenten mitgenommen, die Kinder aus ihren Betten geholt und in den Luftschutzkeller getragen. Dann brachen Minuten angstvollen Wartens an, bis eine Sirene Entwarnung gab.

Die schlimmste Bombennacht erlebte die Gießener Bevölkerung am 6. Dezember 1944. Drei Viertel der Stadt wurden zerstört. Zurück blieb ein Trümmerfeld. Es gab kein Trinkwasser, kein Licht und Gas, die Abwasserkanäle waren ebenso wie die Eisenbahngleise stark beschädigt. Wer die Möglichkeit hatte, flüchtete zu Verwandten aufs Land, wo die Ernährungslage besser war als in der Stadt.

Das Schienennetz beim Gießener Bahnhof war im Zweiten Weltkrieg ein strategisch wichtiges Angriffsziel.

DAS LEBEN GEHT WEITER

Es wird gebaut! Bis 1960 war es gelungen, den Wohnungsbestand im Vergleich zu 1950 nahezu zu verdoppeln.

Nach dem Ende des Zweiten Weltkrieges sah die Wohnungssituation in Gießen trostlos aus. Viele Menschen, Gießener und auch Flüchtlinge, fristeten ihr Dasein in Ruinenkellern oder Baracken. Die Versorgung der Bevölkerung mit Lebensmitteln war überaus mangelhaft. Viele Kinder litten an Unterernährung und den damit einhergehenden Mangelerkrankungen, so dass sich die amerikanische Militärregierung 1946 gezwungen sah, Schulspeisungen einzuführen.

1949 begann endlich der Wiederaufbau. Im Vorfeld wurde lange und ausführlich über die verschiedenen Varianten des Wiederaufbaus diskutiert. Die Stadt schrieb sogar einen Wettbewerb zur Neugestaltung der Innenstadt aus. So verheerend die Folgen des Krieges auch waren, der Wiederaufbau bot die Chance, neue Wege bei der Stadtgestaltung zu beschreiten. Als Konsequenz wurden die Grundstücke der Innenstadt vergrößert und die Verkehrsführung verändert. Seither gehört die ursprüngliche Enge der Altstadt der Vergangenheit an.

Nicht alles, was in den Nachkriegsjahren errichtet wurde, trifft noch heute den Geschmack der Bürger. Am Elefantenklo scheiden sich die Geister. Die einen sehen es als eine bewährte Lösung, Fußgänger über den stark befahrenen Anlagenring am Selterstor zu führen, die anderen als einen hässlichen Schandfleck, der so schnell wie möglich abgerissen werden sollte. Diskutiert wurde bereits die Möglichkeit, das Elefantenklo zu überdachen, zu verglasen und dort ein Café einzurichten.

DAS OBERHESSISCHE MUSEUM

Dieses Rad von 1860 steht im Leib'schen Haus in der Georg-Schlosser-Straße 2. Es ist eine Weiterentwicklung des von Baron von Drais 1817 erfundenen Laufrades, der Draisine. Zudem erhält der Besucher im Leib'schen Haus auf mehreren Etagen Einblick in die Stadt- und Universitätsgeschichte, in das Handwerk sowie in das bürgerliche und bäuerliche Leben in und um Gießen.

Museen vermitteln Vergangenes, Gegenwärtiges und zuweilen auch Kurioses. Sie tragen zum Verstehen der Zeit und der Welt, in der wir leben, wesentlich bei. Museen sind jedoch nicht nur Vermittelnde, sondern verfügen selbst über eine Vergangenheit, wie das Oberhessische Museum in Gießen, das auf eine über 125-jährige Geschichte zurückblicken kann. Es ist 1879 infolge der Gründung des Oberhessischen Vereins für Lokalgeschichte und dessen Sammelaktivitäten entstanden. Einen empfindlichen Einschnitt in seiner Geschichte erfuhr das Museum 1944 durch die Luftangriffe der Alliierten. Das Alte Schloss, das Domizil des Museums mit der ehemals großherzoglichen Wohnung, wurde stark beschädigt. Die vielseitige Sammlung des Oberhessischen Museums verteilt sich heute auf drei Häuser: das Alte Schloss mit alter und neuer Kunst, das Leib'sche Haus mit der Abteilung zur Stadtgeschichte und Volkskunde und das Wallenfels'sche Haus mit der Vor- und Frühgeschichte.

Im Wallenfels'schen Haus am Kirchenplatz 6 stellen die Exponate zum Totenkult einen besonderen Anziehungspunkt dar. Neben mumifizierten Menschen ist dort ein mumifizierter Ibis zu sehen, der im Alten Ägypten ein heiliger Vogel des Thot, dem Gott der Wissenschaft und Weisheit, war.

Im Alten Schloss am Brandplatz 2 befinden sich neben dem Verwaltungssitz des Museums Ausstellungsräume rund um die Kunst und das Kunsthandwerk vom 15. bis zum 21. Jahrhundert.

DER KUNSTWEG

Vor mehr als 20 Jahren wurde im Schiffenberger Tal der Kunstweg vom Lehrstuhl für Kunstgeschichte an der Justus-Liebig-Universität initiiert. 12 Arbeiten von international bekannten Künstlern säumen den Weg zahlreicher Studierender zwischen Philosophikum I und II. Weitere Werke befinden sich in der Universitätsbibliothek. Finanziert wird der Kunstweg aus einem Sonderbaufonds des Landes Hessen zur künstlerischen Gestaltung und Ausgestaltung landeseigener Gebäude und Anlagen.

Der „Wiehernde Hengst" von Gerhard Marcks wurde bereits vor dem Entstehen des eigentlichen Kunstweges aufgestellt und bildet seinen Ausgangspunkt. In Aachen, der Stadt des Pferdesportes, befindet sich der Erstguss dieser Plastik.

Aus vier miteinander verschweißten Eisenplatten besteht Michael Croissants „Kopf" von 1986. Trotz einer stark reduzierten Darstellung ist es dem Künstler gelungen, die wichtigsten Charakteristika eines menschlichen Kopfes abzubilden.

Per Kirkebys Backsteinskulptur „Gießen" bildet eine Verbindungsachse zwischen Philosophikum I und II. Das aus Lehm gebrannte Steinmaterial wurde eigens aus Dänemark importiert, da es eine bewegtere Oberfläche aufweist als deutsche Ziegel. Weitere Backsteinskulpturen des Künstlers befinden sich unter anderem in Frankfurt vor der Deutschen Bibliothek, in Bremen, Amsterdam und Münster.

DAS MATHEMATIKUM

Das Mathematikum wurde im November 2002 im alten Hauptzollgebäude (Liebigstraße 8, in direkter Nähe zum Bahnhof) eröffnet. Es bietet mit seinen rund 100 Exponaten allen Altersgruppen eine Plattform für Spiel und Spaß, zum Nachdenken und Verstehen, für Aktivität und Konzentration.

Wie man ohne Nägel oder Leim, lediglich mit einigen Holzbrettern, die für einen Brückenschlag selbst zu kurz sind, eine Brücke baut, kann man im Mathematikum ausprobieren. Erfunden wurde diese praktische, schnell auf- und abbaubare Brücke um 1483 von Leonardo da Vinci.

Ohne Mathematik würde die Welt ganz anders aussehen. Sie umgibt unser tägliches Leben in fast allen Bereichen. Ohne sie wären die meisten technischen Errungenschaften nicht vorhanden. Und doch stehen viele Menschen mit dieser Wissenschaft auf Kriegsfuß.

Wer die Mathematik neu für sich entdecken möchte, sollte in das Mathematikum kommen. Dort können verschiedene mathematische Phänomene rund um die Welt der Zahlen spielerisch erfahren werden. Unterschiedliche interaktive Ausstellungsexponate wie die beliebte Riesenseifenhaut, der große Faxenspiegel und die Knobelstationen laden dazu ein, Mathematik nicht nur hautnah zu erleben, sondern sich dank der gewonnenen Erkenntnisse intensiver mit einer der ältesten Wissenschaften zu befassen oder zumindest die Scheu vor ihr zu verlieren.

NACHTSCHWÄRMER IM PHILOSOPHENWALD

Mit Fledermäusen verbinden viele Menschen nach wie vor das Unheimliche und Geheimnisvolle. Wer sich jedoch näher mit ihnen befasst, schließt die geschickten, kleinen Säugetiere schnell ins Herz.

Der Philosophenwald, zwischen der Grünberger Straße und der Wieseckaue gelegen, bietet ideale Lebensbedingungen für Fledermäuse. Er verfügt über einen altersdurchmischten bis zu 250 Jahre alten Baumbestand, der durch die emsige Arbeit der Spechte viele Baumhöhlen aufweist. Da der Wald nicht mehr beforstet wird, erfährt der Lebensraum der Fledermäuse wenig störende Veränderungen.

Der Kleine Abendsegler und die Wasserfledermaus sind im Philosophenwald beheimatet. Der in Hessen sehr selten vorkommende Große Abendsegler überwintert dort sogar. Im Sommer ziehen die Fledermausweibchen gemeinsam ihre Nachkommenschaft in so genannten Wochenstubenkolonien auf, währenddessen die Männchen in kleineren Gruppen oder vereinzelt leben.

Das Fledermausvorkommen im Philosophenwald wird seit 1992 vom Arbeitskreis für Wildbiologie der Justus-Liebig-Universität wissenschaftlich erforscht. Parallel dazu bietet der Arbeitskreis regelmäßig öffentliche Führungen an, um der Bevölkerung die Ergebnisse seiner Forschungsarbeit zugänglich zu machen.

Das Jagdgebiet der Wasserfledermaus befindet sich an den Schwanenteichen. Da Fledermäuse sehr verlässliche Tiere sind, kann man im Sommer jeden Tag am Philosophenwald nach Einbruch der Dunkelheit den Ausflug der Kolonie beobachten. Dass sie ihren Weg finden, ermöglicht ihnen das Prinzip der Echoorientierung. Rufe, die während des Fluges permanent ausgestoßen werden, vermitteln ihnen durch das zurückkehrende Echo ein genaues Bild von ihrer Umwelt. Die Wasserfledermaus ist in der Lage, bis zu 4000 Mücken pro Nacht zu fangen. Alle drei bis vier Sekunden wird mit den Flügeln oder den Hinterbeinen ein Insekt geschickt direkt über der Wasseroberfläche erbeutet und verzehrt.

Diese Gaststätte im Philosophenwald suchten angeblich die Philosophen der Universität früher gerne auf. Sie war bis Mitte der 20er Jahre ein beliebtes Ausflugslokal, das mit Volksfesten, Tanzvergnügungen und Jugendfesten stets einen Anreiz bot, aus der Stadt hinaus in den Philosophenwald zu wandern. Große Teile des damaligen Waldgebietes sind heute bebaut, nur noch 20 Hektar blieben übrig.

DER SELTERSWEG

Die Straßenbahn beförderte ab 1909 die Kauflustigen direkt an den Ort des Geschehens. Mittlerweile ist der Seltersweg Fußgängerzone.

Seit 1983 befindet sich auf dem Seltersweg an der Einmündung zur Plockstraße die Bronzegruppe „Die drei Schwätzer" von Karl Henning Seemann. Eine Frau und zwei Männer stehen sich gegenüber und plaudern miteinander, so wie es viele Gießener und Besucher Gießens tun, die sich die Zeit zu einem Stadtbummel genommen haben. Wer sich für die Stadt verabredet, trifft sich bei den Schwätzern und so sind diese aus dem Gießener Stadtleben nicht mehr wegzudenken.

Ursprünglich führte der Seltersweg von der mittelalterlichen Stadt in der Ebene nach Selters auf der Anhöhe, das im 16. Jahrhundert zugunsten des Festungswerkes um Gießen aufgegeben wurde. Heute reicht er vom Kreuzplatz bis zum Selterstor, an dem jedoch kein Tor mehr zu finden ist, sondern eine Fußgängerbrücke, die aufgrund ihrer Größe und Gestalt den Beinamen Elefantenklo erhielt. Der Seltersweg entwickelte sich seit Ende des 19. Jahrhunderts zur Hauptgeschäftsstraße Gießens. Auch heute noch muss sie den Vergleich mit größeren Städten nicht scheuen.

Vielfältige Einkaufsmöglichkeiten, Cafés und Kneipen laden zu einem Spaziergang über den Seltersweg ein.

GIESSEN UND DER TOURISMUS

In Gießen übernachten jährlich bis zu 60 000 Menschen in den verschiedenen Hotels und Pensionen der Stadt. Die meisten Übernachtungsgäste sind Geschäftsreisende oder Kongressbesucher. Denn Gießen ist ein Handels- und Einkaufszentrum und als Universitätsstadt zugleich ein bevorzugter Tagungsort. Neben der günstigen Verkehrslage und den Hochschulen (Universität und Fachhochschule) tragen dazu auch andere wichtige Einrichtungen bei, wie z. B. das Universitätsklinikum, die Messe oder zahlreiche Verbände und Firmen, die in Gießen ihren Sitz haben. Da Gießen direkt an der Lahn liegt, kommen aber auch immer mehr Urlauber hierher, die sich bei einer naturnahen Kanu- oder Radwanderung im Lahntal erholen und die Gießen und seine Sehenswürdigkeiten kennen lernen wollen. Viel größer ist die Zahl derjenigen Gäste, die Gießen (nur) für einen Tag besuchen. Die Tagesgäste kommen aus der näheren und weiteren Region, um einzukaufen, um hier Kultur zu erleben und Veranstaltungen zu besuchen, oder sie werden, wie viele andere, von den Museen angezogen: Denn neben dem Oberhessischen Museum mit seinen kulturhistorischen Schätzen in drei Gebäuden hat Gießen mit dem Liebig-Museum und dem Mathematikum zwei weltweit einzigartige naturwissenschaftliche Museen zu bieten.

Gleich, ob Übernachtungs- oder Tagesgäste den Weg nach Gießen finden: Sie alle genießen die junge, lebendige und internationale Atmosphäre in der Stadt und finden viele Möglichkeiten, einen Tag, ein Wochenende oder einen Kurzurlaub in Gießen zu verbringen.

Von „Gießen total verrückt" über Burgen- und Klostertouren bis zur Fledermausexkursion bietet die Tourist-Information viele unterschiedliche Stadtführungen an. Buchungen und weitere Auskünfte:
Tourist-Information Gießen
Berliner Platz 2
35390 Gießen
Tel: (0641) 19433
Fax: (0641) 76957
www.giessen-tourist.de

INFORMATION UND KONTAKTE

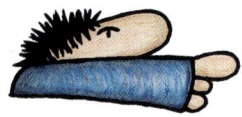

Bei den unten aufgeführten Institutionen können Sie weitere Informationen über die im Buch präsentierten Besonderheiten Gießens erhalten. Die Seitenzahlen in Klammern weisen auf die entsprechende Buchseite hin.

Arbeitskreis Wildbiologie an der Justus-Liebig-Universität Gießen e. V., Heinrich-Buff-Ring 25, 35392 Gießen, Tel.: 0641-75143, Fax: 0641-75199, Email: info@ak-wildbiologie.de, Homepage: www.ak-wildbiologie.de **(43)**

Botanischer Garten, Senckenbergstraße 6, 35390 Gießen, Tel.: 0641-99-35240, Fax: 0641-99-35119, Homepage: www.uni-giessen.de/botanischer-garten **(23)**

Freundeskreis Botanischer Garten der Justus-Liebig-Universität Gießen e. V., 1. Vorsitzender Prof. Dr. Harald Schmidt, Arndtstraße 14, 35392 Gießen, Tel.: 0641-2501073

Fachhochschule Gießen-Friedberg, Wiesenstraße 14, 35390 Gießen, Tel.: 0641-3090, Fax: 0641-309-2901, Homepage: www.fh-giessen.de

Burg Gleiberg, Gleiberg-Verein, Günter Feußner, Kattenbachstraße 59, 35435 Wettenberg, Tel.: 0641-83428 **(5)**

Justus-Liebig-Universität, Universitätshauptgebäude, Ludwigstraße 23, 35390 Gießen, Tel.: 0641-99-0, Homepage: www.uni-giessen.de **(20, 21, 35)**

Gießener Kunstweg, Philosophikum I und II der Justus-Liebig-Universität, Ansprechpartner: Institut für Kunstgeschichte, Otto-Behagel-Straße 10 G, 35394 Gießen, Tel.: 0641-99-28280, Fax: 0641-99-28289, Homepage: www.uni-giessen.de **(41)**

Institut für Geschichte der Medizin der Justus-Liebig-Universität, Iheringstraße 6, 35392 Gießen, Tel.: 0641-99-47700, Fax: 0641-99-47709, Email: geschmed@histor.med.uni-giessen.de, Homepage: www.med.uni-giessen.de/histor/ **(35)**

Kunsthalle Gießen, Berliner Platz 2, 35390 Gießen, Tel.: 0641-306-2532

Liebigmuseum, Liebigstraße 12, 35390 Gießen, Tel.: 0641-76392, Fax: 0641-2502599, Homepage: www.liebig-museum.de **(26, 27)**

Mathematikum, Liebigstraße 8, 35390 Gießen, Tel.: 0641-9697970, Fax: 0641-97269420, Email: info@mathematikum.de, Homepage: www.mathematikum.de **(42)**

Neues Schloss, Justus-Liebig-Universität Gießen, Senckenbergstraße 1, 35390 Gießen, Tel.: 0641-99-0 **(11)**

Oberhessisches Museum, Brandplatz 2, 35390 Gießen, Tel.: 0641-306-2477, Fax: 0641-3012005, Email: museum@giessen.de, Homepage: www.giessen.de

    Altes Schloss, Brandplatz 2, 35390 Gießen **(10, 22, 25, 28, 40)**

    Leib'sches Haus, Georg-Schlosser-Straße 2, 35390 Gießen **(9, 15, 40)**

    Wallenfels'sches Haus, Kirchenplatz 6, 35390 Gießen **(4, 9, 40)**

    MuSEHum, museumspädagogische Veranstaltungsreihe für Kinder im Oberhessischen Museum, Tel.: 06409-9837, 0641-3062477, Fax: 06409-8080077

Stadtarchiv, zugleich Geschäftsstelle des Oberhessischen Geschichtsvereins Gießen e. V., Rodheimer Straße 33, 35398 Gießen, Tel.: 0641-6940661, Fax: 0641-6940663, Email: stadtarchiv@giessen.de, Homepage: www.stadtarchiv-giessen.online-h.de

Stadtbibliothek, Kongresshalle, Eingang Lonystraße, 35390 Gießen, Tel.: 0641-306-2486

Stadtbüro, Bismarckstraße 5, 35390 Gießen, Tel.: 0641-306-1234, Fax: 0641-306-2266

Stadttheater Gießen, Berliner Platz, 35390 Gießen, Tel.: 0641-7957-0, Email: dialog@stadttheatergiessen.de, Homepage: www.stadttheatergiessen.de; Führungen für Gruppen: Tel.: 0641-7957-16, Email: stadttheater-giessen.amk@t-online.de **(31)**

Stadtverwaltung Gießen, Berliner Platz 1-3, 35390 Gießen, Tel.: 0641-306-0, Bürgertelefon: 0641-306-1234, Fax: 0641-306-2323, Email: info@giessen.de, Homepage: www.giessen.de

Tourist-Information Gießen, Stadthallen GmbH, Berliner Platz 2 (Kongresshalle), 35390 Gießen, Tel.: 0641-19433, Fax: 0641-76957, Email: tourist-info@giessen.de, Homepage: www.giessen-tourist.de **(45)**

Volkshochschule, Fröbelstraße 65, 35394 Gießen, Tel.: 0641-306-1469, Fax: 0641-306-2474, Homepage: www.giessen.de

Zeughaus, Justus-Liebig-Universität Gießen, Senckenbergstraße 3, 35390 Gießen, Tel.: 0641-99-0 **(17)**

BILDNACHWEIS

Altaras Thea: S. 37 unten

Brunk, Karl-Heinz: S. 11 oben

Hessische Hausstiftung, Museum Schloss Fasanerie Eichenzell bei Fulda: S. 14 oben

Hessisches Staatsarchiv Darmstadt: S. 8 (Sign. HStD, A 3 Nr. 331/10), S. 15 oben (Sign. HStA, D 11 Nr. 21/2)

Imperial War Museum, London: S. 38 oben (CH 11540)

Institut für Geschichte der Medizin, Justus-Liebig-Universität Gießen: S. 35

Internationaal Instituut voor Sociale Geschiedenis, Amsterdam: S. 29 oben

König, Marko: S. 43 oben

Kralovitz, Rolf: S. 37 oben links

Landesarchiv Darmstadt: S. 13 oben aus dem Promerschen Atlas

Magistrat der Universitätsstadt Gießen: S. 7 unten, S. 9 unten, S. 10 unten, S. 12 oben, S. 17 oben, S. 19 oben, S. 20 rechts, S. 23 oben, S. 23 unten links, S. 25 oben, S. 27, S. 31 unten, S. 34 oben, S. 39 unten, S. 40 unten rechts und S. 44 oben rechts (Marion Boländer); S. 4, S. 5 unten, S. 15 unten, S. 16 oben, S. 18 unten, S. 22, S. 25 unten rechts, S. 28, S. 40 oben und unten links (Marion Boländer/ Oberhessisches Museum); S. 7 oben, S. 9 oben, S. 10 oben links, S. 18 oben, S. 20 links, S. 21 unten, S. 23 unten rechts, S. 26 oben links, S. 30 oben, S. 31 oben, S. 34 unten, S. 43 unten und S. 44 oben links (Oberhessisches Museum); S. 9 Mitte, S. 12 unten, S. 14 unten, S. 16 unten, S. 26 oben rechts, S. 26 unten, S. 29 unten, S. 30 unten links, S. 32, S. 33, S. 36, S. 37 oben rechts, S. 38 Mitte und unten sowie S. 39 oben (Stadtarchiv); S. 44 unten (Rolf K. Wegst).

Mathematikum: S. 42 oben (Rolf K. Wegst), S. 42 unten (Christoph Beutelspacher)

Stadtwerke Gießen: S. 30 unten rechts

Tourist-Information-Gießen: S. 45, S. 47

Universitätsbibliothek der Justus-Liebig-Universität Gießen: S. 6 aus P. Helyot: Histoire des ordres monastiques, religieux et militaires. Paris 1714-1719, 2. Bd. und S. 21 oben (Barbara Zimmermann)

Wissenschaftliche Buchgesellschaft Darmstadt: S. 13 unten

Wöll, Nathalie: S. 5 oben, S. 10 oben rechts, S. 11 unten, S. 17 unten, S. 19 unten, S. 24, S. 25 unten links, S. 41

Verlag und Autorin haben sich nach bestem Wissen und Gewissen um die Klärung aller Bildrechte bemüht. Sollten dabei dennoch Fehler aufgetreten sein, bitten wir um Entschuldigung.

Der Zeichentrickfilm in der Hand
für 2,80 Euro
ISBN 3-9808687-3-7

Weitere Daumenkinos und andere geheimnisvolle Bücher mit Bobby und Molly unter:
www.bobbyundmolly.de
in Ihrer Buchhandlung oder
direkt beim Verlag

Artur Klose
Geheimnisvoller Verlag
Auf der Hasenhecke 56
34125 Kassel
Telefon: 0561 - 81 49 94
Fax: 0561 - 81 69 358